우리고전 100선 13

우리 신선을 찾아서─홍만종 선집

우리고전 100선 13

우리 신선을 찾아서—홍만종 선집 『해동이적』·『순오지』·『명엽지해』

2010년 3월 22일   초판 1쇄 발행
2020년 5월 30일   초판 2쇄 발행

편역	정유진
기획	박희병
펴낸이	한철희
펴낸곳	돌베개
책임편집	이경아 이혜승
편집	조성웅 김희진 좌세훈 권영민 신귀영 김태권
디자인	이은정 박정영
디자인기획	민진기디자인
표지그림	전갑배 (일러스트레이터, 서울시립대학교 시각디자인대학원 교수)

등록	1979년 8월 25일 제406-2003-000018호
주소	(10881) 경기도 파주시 회동길 77-20 (문발동)
전화	(031) 955-5020
팩스	(031) 955-5050
홈페이지	www.dolbegae.co.kr
전자우편	book@dolbegae.co.kr

ⓒ정유진, 2010

ISBN 978-89-7199-380-4 04810
ISBN 978-89-7199-250-0 (세트)

이 책에 실린 글의 무단 전재와 복제를 금합니다.
책값은 뒤표지에 있습니다.
이 도서의 국립중앙도서관 출판시도서목록(CIP)은
e-CIP 홈페이지(http://www.nl.go.kr/cip.php)에서
이용하실 수 있습니다. (CIP제어번호:CIP2010000894)

우리고전 100선 13

우리 신선을 찾아서
―
홍만종 선집

정유진 편역

간행사

지금 세계화의 파도가 높다. 현재 진행되고 있는 세계화는 비단 '자본'의 문제이기만 한 것이 아니라, '문화'와 '정신'의 문제이기도 하다. 그 점에서, 세계화에 어떻게 대응할 것인가 하는 것은 우리의 생존이 걸린 사활적(死活的) 문제인 것이다. 이 총서는 이런 위기의식에서 기획되었으니, 세계화에 대한 문화적 방면에서의 주체적 대응이랄 수 있다.

생태학적으로 생물다양성의 옹호가 정당한 것처럼, 문화다양성의 옹호 역시 정당한 것이며 존중되지 않으면 안 된다. 그럼에도 세계화의 추세 속에서 문화다양성은 점점 벼랑 끝으로 내몰리고 있는 것처럼 보인다. 하지만 문화적 다양성 없이 우리가 온전하고 행복한 삶을 살 수 있겠는가. 동아시아인, 그리고 한국인으로서의 문화적 정체성은 인권(人權), 즉 인간권리의 문제이기도 하기 때문이다. 그래서 우리 고전에 대한 새로운 조명과 관심의 확대가 절실히 요망된다.

우리 고전이란 무엇을 말함인가. 그것은 비단 문학만이 아니라, 역사와 철학, 예술과 사상을 두루 망라한다. 그러므로 일반적으로 알려져 있는 것보다 훨씬 광대하고, 포괄적이며, 문제적이다.

하지만, 고전이란 건 따분하고 재미없지 않은가? 이런 생각의 상당 부분은 편견일 수 있다. 그리고 이런 편견의 형성에는 고전을 연구하는 사람들에게 큰 책임이 있다. 시대적 요구에 귀 기울이지 않은 채 딱딱하고 난삽한 고전 텍스트를 재생산해 왔으니까. 이런 점을 자성하면서 이 총서는 다음의 두 가지 점에 특히 유의하고자 한다. 하나는, 권위주의적이고 고지식한 고전의 이미지를 탈피하는 것. 둘은, 시대적 요구를 고려한다는 그럴 듯한 명분을 내세워 상업주의에 영합한 값싼 엉터리 고전책을 만들지 않도록 하는 것. 요컨대, 세계시민의 일원인 21세기 한국인이 부담감 없이 '쉽게' 접근할 수 있는, 그러면서도 품격과 아름다움과 깊이를 갖춘 우리 고전을 만드는 게 이 총서가 추구하는 기본 방향이다. 이를 위해 이 총서는, 내용적으로든 형식적으로든, 기존의 어떤 책들과도 구별되는 여러 가지 모색을 시도하고 있다. 그리하여 고등학생 이상이면 읽고 이해할 수 있도록 번역에 각별히 신경을 쓰고, 작품에 간단한 해설을 붙이기도 하는 등, 독자의 이해를 돕고자 하였다.

    특히 이 총서는 좋은 선집(選集)을 만드는 데 큰 힘을 쏟고자 한다. 고전의 현대화는 결국 빼어난 선집을 엮는 일이 관건이자 종착점이기 때문이다. 이 총서는 지난 20세기에 마련된 한국 고전의 레퍼토리를 답습하지 않고, 21세기적 전망에서 한국의 고전을 새롭게 재구축하는 작업을 시도할 것이다. 실로 많은 난관이 예상된다. 하지만 최선을 다해 앞으로 나아가고자 한다. 그리하여 비록 좀 느리더라도 최소한의 품격과 질적 수준을 '끝까지' 유지하고자 한다. 편달과 성원을 기대한다.

박희병

책머리에

홍만종(洪萬宗, 1643~1725)은 해동도가(海東道家)에 깊은 관심을 지녔던 지식인이다. 그는 주체적 역사의식을 바탕으로 우리 역사를 새롭게 쓴 역사가요, 우리 한시사(漢詩史)를 정리한 비평가이자 우리말과 우리 문학의 가치를 재발견한 선구적 문학가였다.

이 책은 홍만종이 20대와 30대에 저술한 『해동이적』(海東異蹟), 『순오지』(旬五志), 『명엽지해』(蓂葉志諧) 가운데 일부를 골라 번역한 것이다. 홍만종은 70대의 노년까지 저술 활동을 했지만, 그 사상의 틀은 청년기에 완성한 이 세 권의 책을 통해 확립되었다고 할 수 있다. 따라서 독자들은 이 선집 한 권만으로도 홍만종의 사상과 저술의 전체적 면모 및 특징을 파악하기에 크게 부족함이 없으리라 생각한다.

이 책은 홍만종 사상의 특징을 고려하여 모두 다섯 개의 장으로 구성하였다.

홍만종 사상의 총체적 모습을 보여 준다고 할 『순오지』는 '우리 땅 우리 역사', '우리말 우리 노래', '신선술, 건강과 불사의 비결' 세 장에 나누어 실었다. 이를 통해 단학(丹學)에 유의했던 홍만종의 모습뿐만 아니라, 우리 역사의 독자성에 주목한 주체적 역사가이자 우리말과 우리 문학의 가치를 새롭게 인식했던 선구적 문학가로서 홍만종의 면모를 살필 수 있을 것이다. 한편, 옛 선조들이 일상생활에서 행했던 건강법은 현대인들도 활용해 봄 직하다.

해동도가의 열전(列傳)인 『해동이적』은 '우리나라의 신선들'

에 실었다. 총 32편의 전(傳) 가운데 25편을 골랐다. '선인'(仙人) 혹은 '신선'으로 불리는 열전의 주인공들은 사실 당대의 지배 체제를 벗어나 자유로운 삶과 정신을 추구했던 방외인(方外人)들이라 할 수 있다. 체제가 요구하는 틀에서 벗어나 자유롭게 사는 삶은 때로 체제에 대한 강력한 비판이나 저항이 될 수도 있다. 독자들이 이들의 삶과 죽음을 통해 자유와 초탈, 거부와 저항의 정신을 만날 수 있기를 바란다.

민간의 구전 설화를 채록한 『명엽지해』는 '마을 노인이 들려준 민중의 이야기'에 실었다. 옛 민중들의 해학 및 지배 계급의 위선에 대한 풍자, 인간의 욕망에 대한 넉넉한 이해와 긍정 등을 맛볼 수 있으리라 생각한다.

홍만종은 주자학이 풍미하던 시대에 해동도가 사상을 바탕으로 새로운 세계관과 자주적인 역사관을 모색했던 중요한 문인이자 사상가다. 아무쪼록 이 역서가 주류 사상에서 벗어나 인간과 사회와 역사에 대해 용기 있는 지적 분투를 감행한 홍만종이라는 인물을 오늘날 되살리는 데 작은 도움이나마 되었으면 한다.

2010년 3월
정유진

차례

004   간행사
006   책머리에

255   해설
274   홍만종 연보
276   작품 원제
278   찾아보기

우리 땅 우리 역사 _『순오지』

- 019 동방의 시조, 단군왕검
- 023 국사 도선
- 027 이성계가 꾼 꿈
- 029 귀화인 퉁두란
- 031 아아! 고구려
- 034 안시성주 양만춘
- 037 진시황을 저격했다는 우리나라 장사
- 040 일본인이 두려워한 승려 유정
- 043 우리나라의 이름
- 045 황제 한번 못 해 본 나라

우리말 우리 노래 _『순오지』

- 051 중국 노래의 음률을 따지는 건 쓸데없는 일
- 054 우리에게는 우리의 노래가
- 059 중국인이 탄복한 이색의 시 솜씨
- 062 우리 속담의 가치
- 065 우리가 처음 만든 글자

우리나라의 신선들 _『해동이적』

- 069 산신이 된 단군
- 073 알에서 나온 혁거세
- 076 천제의 아들 주몽
- 080 삼일포의 네 신선
- 083 학을 춤추게 한 옥보고
- 085 대세와 구칠
- 087 담시 선인
- 089 욱일승천한 김가기
- 092 간곳없이 사라진 최치원
- 095 별의 화신, 강감찬
- 098 오백 년을 산 권 도사
- 117 세상 밖에서 노닌 김시습
- 122 화를 피한 정희량
- 129 날 때부터 글을 안 남추
- 132 서경덕과 벗한 지리산 선인
- 135 도술을 감춘 서경덕
- 141 외국어 천재 정렴
- 146 술수에 능했던 전우치
- 150 전우치를 잡은 윤군평
- 152 임진왜란을 예언한 남사고
- 156 서경덕의 제자 박지화
- 160 물의 신선 이지함
- 166 의술에 밝았던 장한웅

170 검선(劍仙) 장생
175 곡기를 끊은 곽재우

신선술, 건강과 불사의 비결 _『순오지』

181 신선 수련술과 단학
186 신선을 만난 정우복
192 불사의 사람들 1―맷돼지 노인과 목객
194 불사의 사람들 2―새인간과 털여인
196 마음으로 병을 고치는 태백 진인의 비결
197 택당 선생 수련법
199 조식법
200 탄진법
201 도인법
202 대추씨와 호두 알맹이

마을 노인이 들려준 민중의 이야기
_『명엽지해』

- 205 농짝에 갇힌 사또
- 209 거울 때문에
- 212 떡은 다섯 개
- 214 수양 매월은 먹 이름
- 216 거웃 한 오라기 나누어 갖기
- 219 스님이 먹어 봐야 먹은 거지요
- 221 약속을 저버린 두 선비
- 223 그렇지, 나는 누이가 없지!
- 225 이마를 만지면 상객
- 226 골동 좋아하다 거지가 된 사람
- 228 첫날밤 신부의 내숭
- 229 방귀 뀐 사람은 나
- 231 다리 없는 신부
- 232 너무나 노련한 신랑
- 233 며느리보다 더한 시어머니
- 236 아가, 몸을 돌려라
- 238 생니가 한 자루
- 241 서답이 아니라 모자
- 244 바둑에 미치면
- 246 엉터리 과거 시험
- 249 치마끈 푸는 소리
- 250 너무 짜요 너무 짜

251 다리 아래의 방
252 미련한 종놈
253 연중행사

홍만종 선집 — 우리 신선을 찾아서

우리 땅 우리 역사

『순오지』

동방의 시조, 단군왕검

우리 동방은 외진 땅으로, 그 옛날 모두 아홉 종족이 있었다. 풀로 엮은 옷을 입고 나무 열매를 먹으며 바위 동굴에서 살았는데, 우두머리가 생긴 것은 단군 때부터다.

중국 위(魏)나라 역사서 『위서』(魏書)에 이런 기록이 있다.

"2천 년 전에 단군왕검이란 이가 있었다. 아사달을 수도로 정해 나라를 세우고 조선이라 불렀는데, 우리 요임금과 같은 시대였다."

우리 역사에는 이렇게 기록되어 있다.

"하늘의 신이 태백산 꼭대기 신령한 박달나무 아래로 내려왔다. 그때 곰 한 마리가 있어 사람이 되게 해 달라고 기도했다. 신은 곰에게 영약(靈藥)을 주어 먹게 했고, 곰은 여자가 되었다. 신과 여자 사이에 아들이 태어나니 그가 훗날 단군이 된 이로, 이름은 왕검이다. 단군왕검은 중국의 요임금 25년 무진년(BC 2333)에 평양을 수도로 정하고 나라 이름을 조선이라 했다.

단군이 비서골 하백(河伯)의 딸을 아내로 맞이하여 아들을 낳으니 이름을 부루라 했다. 우임금이 제후들을 도산[1]에 불러 모았을 때 단군은 아들 부루를 보내 우임금을 일현토록 했다. 그

1_ 도산(塗山): 중국 안휘성(安徽省)에 있는 산.

리고 백악(白岳)으로 거처를 옮겼다.

　　주나라 무왕 때 기자가 조선의 임금으로 봉해지자[2] 단군은 당장경(唐藏京)으로 옮겨 갔다. 그 뒤 아사달산으로 들어가 산신이 되었으니 천팔백 세를 살았다. 무덤은 강동현 서삼리[3]에 있는데 그 둘레가 407척(尺)이나 된다."

　　태백산은 오늘날 영변의 묘향산이고, 평양은 바로 서경[4]이며, 백악은 문화(지금의 황해남도에 있음)의 구월산이라고 한다. 어떤 이는 구월산이 배천(역시 지금의 황해남도에 있음)에 있다고도 하고, 어떤 이는 개성 동쪽에 있는 당장경이 바로 구월산이라고도 한다. 또 아사달산도 구월산이라고 하는데, 비서골은 어딘지 알 수 없다.

　　우리 조선의 정두경[5]이 단군의 사당에 올리는 시를 지었다.

　　동쪽 바다 성인 나신 건
　　그 옛날 요임금 때였지.
　　부상[6]엔 하얀 해 솟아오르고
　　박달나무는 푸른 구름 위로 뻗쳤네.
　　처음 하늘과 땅에 임금 나셨을 때
　　산과 강은 아직 생기기도 전이었지.

2_ 주(周)나라 무왕 때~봉해지자: 사마천(司馬遷, BC 145?~BC 86?)의 『사기』(史記)에 따르면, 무왕(武王)은 은(殷)나라를 정복한 뒤 기자(箕子)를 찾아가 백성을 다스리는 방법을 물었다. 기자는 홍범구주(洪範九疇: 큰 규범 아홉 가지)를 지어 바쳤고, 무왕은 기자를 조선의 왕으로 봉했다. 이를 기자 조선이라 한다.
3_ 강동현(江東縣) 서삼리(西三里): 지금의 평양시 강동군.
4_ 서경(西京): 고려 때까지는 평양을 서경이라 불렀다.
5_ 정두경(鄭斗卿): 1597~1673. 이항복의 문인이며 홍만종의 스승으로, 『해동이적』의 서문을 썼다.
6_ 부상(扶桑): 바다 동쪽 해 뜨는 곳에 있다는 전설의 나무.

무진년부터 천 년을 사셨으니

나 우리 임금께 술 한잔 올리려네.

한편, 우리 아버님7_께서도 단군에 대한 시를 지으셨다.

아득한 태곳적

신께서 강림하셨지.

사람들이 임금으로 세우니

나라 이름 조선이라.

평양에서 천 년

당장경에서 백 년.

그리곤 아사달로 들어가셨으니

부처이신가 신선이신가.

무릇 제왕이 일어날 때면 반드시 평범한 사람과는 다른 이상한 일이 생긴다. 이는 지난 역사책을 한 장만 들추어 봐도 곧 알 수 있다. 뇌택에서 거인의 발자국을 밟아 포희가 태어났고,8_ 꿈에 무지개가 떠오르자 순임금이 나왔고, 바위가 갈라지자 하(夏)나라가 열렸고, 전설의 검은 새가 내려오자 상나라9_가 열렸다.

7_ 우리 아버님: 홍주세(洪柱世, 1612~1661)를 말한다. 효종 때의 문신으로 영천군수(榮川郡守)를 지냈다.

8_ 뇌택(雷澤)에서~포희가 태어났고: 포희(包羲)는 중국 삼황(三皇)의 하나인 복희씨. 화서씨라는 종족의 왕녀가 숲에서 뇌신(雷神)의 거대한 발자국을 밟고 복희씨를 낳았다는 전설이 있다.

9_ 상나라: 은나라의 다른 이름. '상'(商)이라는 이름의 부족이 세웠으므로 '상나라'라 불렀다.

10_ 꿈에 무지개가 떠오르자~달까지 뻗쳤다: 순(舜)임금, 황제(黃帝), 전욱(顓頊)은 모두 중국 건국 신화에 나오는 제왕들이다. 보통 제곡(帝嚳)과 요임금을 더해 오제(五帝)라고 한다.

황제가 탄생할 때는 번개가 문에서 번쩍였고, 전욱을 기를 때는 상서로운 빛이 달까지 뻗쳤다.10_ 한(漢)나라 고조(高祖)가 태어날 때는 용이 못에서 짝짓기를 했고, 송(宋)나라 태조(太祖)가 날 때는 방 안에 향기가 가득했다. 이런 일들은 역사에 수두룩하게 많다.

    단군께서 태어나셨을 당시 동방은 혼돈 속에서 처음 갈라져 원기(元氣)가 아직 흩어지기도 전이었다. 신라의 혁거세와 고구려의 동명왕이 태어났을 때도 모두 이상한 일들이 있었으니 동방의 비조(鼻祖)인 단군에 있어서야 말할 나위가 없는 것이다. 그러므로 나는 여러 전기와 직접 들은 이야기들을 참고하여 여기 단군 이야기의 전말을 기록한다.

홍만종이 36세에 지은 『순오지』(旬五志)의 첫머리다. '순'(旬)은 열흘, '오'(五)는 다섯이니 '순오지'란 '열닷새 만에 쓴 글'이라는 뜻이다. 첫머리에 단군을 우리 시조로 뚜렷이 내세워 기리고 있으며, 중국의 고대 제왕들과도 나란히 견주고 있다. 홍만종의 주체적 역사관이 드러난 대표적인 글이다.

국사 도선

　세상에서는 도선[1]이 당나라에 가서 일행 대사[2]에게 신선이 되는 방법을 배웠다고 한다.
　도선이 본국으로 돌아올 때 일행 대사는 도선에게 이렇게 말했다.
　"삼한(三韓: 우리나라)은 산과 강이 이리저리 갈라져 있어 콩알만 한 작은 땅인데도 세 나라로 나뉘어 전쟁과 변란이 끊이지 않는다고 들었소. 이는 산과 강의 혈맥이 고르지 못하기 때문에 생기는 병이오. 나는 삼한을 평화로운 땅으로 만들어 그곳의 인민들을 태평하게 살게 해 주고 싶소. 불자(佛子)로서 삼한의 불쌍한 인민들을 차마 그냥 두고 보지 못하겠기에 하는 말이오. 그대 나라의 지도를 그려 보시오."
　도선이 즉시 지도를 그려 바치니, 일행 대사가 지도를 보며 말했다.
　"산과 강이 이와 같으니 그럴 수밖에 없겠군."
　그러고는 지도 위 3천8백 군데에 점을 찍었다.
　"사람이 위급한 병에 걸리면 온몸의 혈자리를 찾아 침을 놓거나 뜸을 떠 병을 낫게 하는 법이오. 그렇게 하지 않으면 곧 죽

1_ 도선(道詵): 827~898. 신라 말의 선승(禪僧)으로, 우리나라 풍수지리가의 비조로 일컬어진다. 그의 사상은 왕건의 통치 이념에 큰 영향을 준 것으로 보인다.
2_ 일행 대사(一行大師): 683~727. 당(唐)나라의 고승.

게 되지."

그리고 계속해서 이렇게 말했다.

"그대 나라에 가면 푸른 나무 아래 왕씨(王氏)가 살고 있을 게요. 내년에 그 집에 귀한 아들 하나가 태어나는데, 그 아이가 장차 삼한을 통일할 주인공이니 그대는 그 사람을 찾아가 보시오."

도선은 삼한으로 돌아와 5백 곳에 절을 세웠다. 그리고 푸른 나무 아래를 찾아가 보니 과연 왕륭[3]이란 자가 살고 있었다. 마침 왕륭은 살던 집의 남쪽에 집을 새로 지으려 했는데, 이를 본 도선이 말했다.

"벼를 심을 땅에 왜 삼을 심을까?"

그러고는 훌쩍 가 버렸다. 왕륭의 처가 왕륭에게 웬 사내가 이러저러한 말을 하고 갔다고 알리자, 왕륭은 그 길로 허둥지둥 도선을 뒤쫓았다. 두 사람은 금방 오랜 친구처럼 가까워졌다. 도선은 왕륭과 함께 곡령[4]에 올라 산과 강의 지형을 둘러보고는 말했다.

"이곳의 지맥(地脈)은 북방의 백두산에서 발원해 동쪽 등마루를 타고 내려왔으니 가히 명당이라 할 만하오. 또한 그대는 오행(五行) 중 수(水)의 명운을 가졌으니 그 숫자에 따라 집을 지어야 할 것이오. 수(水)에 해당하는 숫자는 6이니, 6의 제곱수인 서른여섯 칸 집을 지으면 천지의 큰 수에 부응하여 내년에는 반

3_ 왕륭(王隆): ?~897. 고려 태조 왕건(王建)의 아버지.
4_ 곡령(鵠嶺): 송악산의 다른 이름.

드시 아들을 낳을 것이오. 아들이 태어나면 이름을 건(建)이라 지으시오."

왕륭은 도선이 시키는 대로 집을 짓고 살았다. 과연 그 달에 왕륭의 처는 임신을 하여 아들을 낳으니 그가 바로 고려의 태조다.

왕건이 열일곱 살이 되자 도선은 다시 왕건을 찾아와 이렇게 말했다.

"그대는 새로운 나라를 세울 운명을 가지고 하늘이 부여한 땅에서 태어났소. 삼한의 백성들이 그대의 구원을 기다리고 있소이다."

그리고 병법과 진법(陣法), 천시(天時)를 읽는 방법과 유리한 지형을 읽는 방법 등을 모두 일러 주었다.

당시 궁예의 정란(政亂)에 반감을 가지고 있던 태봉[5]의 모든 장수는 왕건을 맞이해 임금으로 삼았고, 왕건은 도선을 국사(國師)로 봉해 마침내 삼한을 통일했다. 오늘날 전국 곳곳에 남아 있는 석불과 불탑은 모두 도선이 세운 것이다.

처음 개성에 도읍을 정할 때, 도선이 주위의 지형을 살펴보고는 이렇게 말했다.

"적어도 8백 년은 운수가 형통하겠구나. 경축할 일이다."

그런데 잠시 뒤 동남쪽에 자욱하던 안개가 걷히면서 한양의

---

[5] 태봉(泰封): 궁예가 세운 나라 이름.
[6] 삼각산(三角山): 북한산의 원래 이름.

삼각산6이 우뚝하게 드러나며 환하게 빛이 났다. 안색이 변한 도선이 이렇게 말했다.

"저 봉우리가 동남쪽에 도적의 깃발처럼 서 있으니, 4백여 년 뒤면 운수가 저곳으로 옮겨 가겠구나."

그러고는 돌로 만든 75마리의 개를 동남쪽을 향해 세워 놓아, 마치 도둑을 경계하는 듯한 형상을 만들어 놓았다. 과연 왕건이 세운 나라는 475년이 지나자 멸망했다.

그렇지만 일행 대사는 당나라 중종(中宗) 때 태어났고, 도선이 왕릉을 찾아간 것은 당나라 희종(禧宗) 때이니 중종에서 희종까지는 2백여 년의 시차가 있다. 일행 대사가 그때까지 살았던 것은 아닐 것이니 도선이 일행 대사에게 배웠다는 말은 믿기 어렵다. 아니면 일행 대사는 신승(神僧)으로, 어디서 죽었는지 알 수 없다고도 하니 생명을 연장하는 술법으로 그때까지 살아 있었던 것일까?

왕건의 고려 건국과 관련한 도선의 일화다. 도선이 중국의 일행 대사에게서 법을 전수했다는 설을 부정하면서도 일행 대사가 장생술로 후세까지 살아남았을 가능성을 은근히 시사하고 있다. 홍만종의 도가적(道家的) 면모가 드러나는 글이다.

이성계가 꾼 꿈

우리 태조(이성계를 말함)께서 아직 왕위에 오르시기 전 안변1_에 계실 때의 일이다. 꿈을 꾸었는데 집집마다 닭이 울고, 태조께서 다 허물어져 가는 집에 들어가 서까래 세 개를 지고 나오시는 것이었다. 그리고 꽃이 지고 거울이 떨어져 깨지는 바람에 놀라 잠을 깨셨다. 태조께서 어떤 노파에게 꿈의 징조가 무언지 여쭈시려 하자, 노파가 제지하며 말했다.

"꿈이란 입 밖에 내서는 안 되는 법입니다. 대장부의 일을 누가 알겠습니까? 서쪽에 있는 설봉산2_에 가면 토굴 속에 이상한 스님 한 분이 계실 것이니, 그분께 가서 물어보도록 하세요."

태조께서 설봉산을 찾아가니 과연 승려 한 사람이 있었다. 태조께서는 예를 갖추고 나서 여쭈셨다.

"여쭙고 싶은 일이 있습니다."

"소승이 무엇을 알겠습니까만, 먼 길 오시느라 고생이 많으셨습니다."

"지난번 꿈에 집집마다 닭들이 한꺼번에 우는데, 제가 다 무너져 가는 집에 들어가 서까래 세 개를 짊어지고 나왔습니다. 그러더니 꽃이 지고 거울이 떨어져 깨졌습니다. 앞으로 무슨 일이

1_ 안변(安邊): 함경남도에 있는 고을 이름.
2_ 설봉산(雪峰山): 함경남도 안변군 서쪽 문산면에 위치한 산.
3_ 고귀위(高貴位): '높고 귀한 지위'라는 뜻.

일어나겠습니까?"

그러자 승려가 경하 드린다며 이렇게 말했다.

"수많은 집의 닭이 일시에 운 것은 '고귀한 신분'을 노래한 것이요, 짊어진 서까래 세 개는 '임금 왕(王)' 자를 뜻하는 것입니다. 또 꽃이 떨어지면 열매가 맺는 법이요, 거울이 떨어지면 소리가 나는 법 아니겠습니까? 이는 새 왕조가 일어날 징조이니, 절대 발설치 않도록 조심하십시오. 닭이 꼬끼오 우는 소리는 '고귀위'3_와 음이 비슷하므로 그리 해몽할 수 있는 것입니다."

태조께서 크게 기뻐하며 산을 내려오셨다. 그리고 그 땅에 절을 지으시고 석왕사(釋王寺)라 이름하니, 석왕사는 고을 서쪽 40리쯤에 있다.

석왕사의 '석왕'(釋王)은 '왕이 될 꿈을 해몽했다'는 뜻이다. 설봉산 승려는 훗날 조선의 국사로 봉해진 무학 대사(無學大師)다. 이성계의 조선 건국을 정당화하기 위해 생겨난 설화일 터인데 해몽의 내용이 재미있다.

귀화인 퉁두란

　태조(이성계를 말함)께서는 신통하게 힘이 세고, 용맹스럽고 날카롭기가 보통 사람을 넘으셨다. 아직 왕이 되기 전 함흥에 계실 때였다. 커다란 소 두 마리가 붙어 싸우는 것을 보고 두 마리 소의 뿔을 각각 한 손에 잡아 떨어뜨려 놓으니 구경하는 사람들이 모두 감탄하였다.

　어느 날 퉁두란과 거리에서 노니시다 마을 아낙네가 물동이를 이고 가는 것을 보신 태조께서 탄환을 쏘아 물동이를 맞히셨다. 그러자 퉁두란이 물동이에 뚫린 구멍에서 물이 미처 흘러나오기도 전에 진흙 덩어리를 던져 구멍을 막아 버렸다. 구경하던 사람들이 모두 신기하게 여겼다.

　신우[1] 때(1380) 왜구가 국경을 침입하자 태조께서는 군사를 이끌고 전라도 운봉(雲峯)에 다다르셨다. 적이 날카로운 기세로 돌격해 오니 태조께서 화살 50여 발을 쏘셨다. 빗나가는 화살이 하나도 없었다. 적들은 산을 낀 채 굳게 수비하면서 태조를 겹겹이 에워쌌다. 적장 중에 아지바두라는 소년 장수가 있었는데, 황금 투구를 쓰고 가면으로 얼굴을 가리고 있었다. 태조께서는 아지바두의 용맹이 아까워 생포하고 싶어 하셨으나 퉁두란이

1_ 신우(辛禑): 고려 우왕(禑王, 1365~1389). 공민왕이 아닌 신돈(辛旽)의 혈통이라는 이성계의 주장에 따라 왕위에서 쫓겨난 뒤 살해되었다. 폐위되었으므로 시호를 받지 못했다.
2_ 좌명공신(佐命功臣): 태조 이성계가 이지란에게 내린 개국 일등 공신 훈명.

이렇게 말했다.

"저놈을 죽이지 않으면 우리가 다칩니다."

그러고는 화살을 쏘아 가면의 윗부분을 반쯤 벗겨 버리니, 결국 태조께서 아지바두를 사살하시고 앞서 나가 왜적을 대파하셨다.

세상에 전하기를, 퉁두란은 일찍이 태조를 해칠 흉계를 꾸민 적이 있다고 한다. 어느 날 어둑어둑할 무렵, 태조께서 측간에 들어가시자 퉁두란은 측간을 향해 활을 쏘았다. 태조께서는 앉은 채 날아온 화살을 잡아챘고, 퉁두란이 연이어 두 발을 더 쏘았지만 그마저 모두 잡아내셨다. 퉁두란은 당연히 태조께서 돌아가셨으리라 생각했는데 태연히 측간에서 나와 화살 세 개를 돌려주자 크게 놀라 항복했다. 그때부터 다시는 딴마음을 먹지 않았다고 한다. 그뿐 아니라, 큰 공을 세워 좌명공신[2]에 올랐고 이지란(李之蘭, 1331~1402)이라는 이름까지 하사 받았다.

퉁두란은 여진족으로, 본명은 '퉁쿠룬투란티무르'다. 원(元)나라에서 벼슬하던 젊은 시절 함경남도 북청에서 이성계를 만나 평생의 동지가 된다. 공민왕 10년(1371) 고려에 귀화했으며, 이성계를 도와 조선 건국에 큰 공을 세웠다. 뒷날 개국 일등 공신에 책록되고, 청해군(靑海君)에 봉해졌다. 청해 이씨(李氏)의 시조다.

아아! 고구려

고구려 때였다. 수나라 양제[1]가 대장군 우문술(宇文述)에게 고구려를 정벌하게 했다. 을지문덕(乙支文德)은 우문술에게 사자(使者)를 보내 항복하는 척하며 이렇게 전했다.

"장군이 군사를 되돌린다면 우리 왕을 모시고 가 황제를 알현하겠소."

우문술은 평양의 지형이 험하고 요새가 견고해 공격하기 어렵다고 생각하던 차에 을지문덕의 항복을 받고는 군대를 돌리기로 했다.

수나라 군대가 살수(薩水)에 이르렀을 때였다. 강을 반쯤 건넜을 무렵, 을지문덕이 갑자기 공격해 오니 수나라 군대는 순식간에 이리저리 흩어져 거의 궤멸되다시피 하였다. 을지문덕은 도망가는 군사들을 추격해 압록강까지 갔다. 이는 하루 낮 하루 밤 만에 450리를 간 것이었다. 애초에 30만 5천이라는 대군으로 요동 땅을 건너왔던 수나라는 겨우 2천7백 명의 군사만이 살아 돌아갔다.

시간이 흘러 당나라 태종(太宗) 때였다. 당 태종은 연개소문의 죄를 묻는다는 빌미로 직접 10만 대군을 이끌고 요동의 안시

1_ 양제(煬帝): 중국 수(隋)나라의 2대 임금(재위 604~618년).

성(安市城)을 공격해 왔다.² 그러나 60일이 지나도 성은 함락되지 않았다. 요동 지방은 추위가 일찍 오는데다 군량미마저 떨어져 황제는 군대를 되돌릴 수밖에 없었다. 마침내 성 아래 있던 군대가 돌아가니 안시성 성주(城主) 양만춘(梁萬春)은 성루에 올라 삼가 예를 갖춰 전송하였다.

아아! 고구려는 동방의 세 나라 중 하나로 땅이 천 리도 안 되는데 수나라 군대를 쫓아내고 당나라 군대를 거뜬히 막아 냈으니 그 혁혁한 공은 천고에 빛날 것이다. 고구려가 그럴 수 있었던 까닭은 다른 데 있는 것이 아니다. 군사들의 힘이 강력했고 장수가 훌륭했기 때문이다. 우리 조선은 삼국을 통일한 고려를 계승하였다. 땅이 고구려의 세 배나 되지만 임진년(1592)에 왜적이 쳐들어오자 서울을 지키지 못하고 용만으로 파천하였으며,³ 병자년(1636)에는 별안간 북쪽 오랑캐가 쳐들어오자 강화도까지 내어 주고 마침내 남한산성에서는 성에서 나와 항복 문서를 바치기까지 하였다.

이제 태평한 시기가 오래되어 나라의 기강이 점차 쇠퇴하고 있으니, 안팎의 군대⁴는 모두 허울뿐인 장부(帳簿)만 끼고 앉았고 무기들은 고작 형식만 갖추었을 뿐이며, 진법이나 무예는 조련하는 기술조차 없으니 망루를 지키고 적을 상대하려 해도 변변한 대책 하나 없다. 그러니 수만의 강적이 또다시 쳐들어온다

2_ 당 태종은~공격해 왔다: 고구려 말 연개소문(淵蓋蘇文)이 신라에 빼앗긴 영토를 수복하기 위해 신라를 공격하자 신라는 당나라에 중재를 요청했다. 연개소문은 신라 공격을 제지하러 고구려에 온 당나라 사신을 토굴 속에 가둬 버렸고, 이를 빌미로 당 태종이 고구려를 침입했다. 645년의 일이다.

3_ 용만으로 파천하였으며: 임진왜란이 일어나자 조선은 단 20일 만에 수도를 빼앗겼다. 피난길에 오른 선조는 국토의 끝 용만(龍灣: 지금의 평안북도 의주)까지 가게 된다.

4_ 안팎의 군대: 나라 안의 군대와 국경을 수비하는 군대를 말한다.

면 멀리서 바라만 보다가 놀라 궤멸되기 십상이다. 고구려의 을지문덕이 수나라를 물리치고, 양만춘이 당나라를 막아 낸 것에 비하면 어떠한가? 지금 우리의 병사들은 평소 전력도 부족한데 제대로 된 장수조차 없으니 이래서야 어떻게 적을 상대하고 침략을 막아 낼 수 있단 말인가? 개탄스러울 따름이다.

당나라의 침략을 당당히 막아 낸 고구려의 을지문덕과 양만춘 장군을 회고하며 조선 군대의 미비함과 훌륭한 장수가 없음을 개탄하고 있다. 홍만종 당시는 임진왜란과 병자호란의 상흔이 여전히 아물지 않은 시기였다.

안시성주 양만춘

우리 동방은 문헌이 부족하여 유명한 사람의 이름자조차 전하지 않는 것이 많다. 안시성주만 해도 작고 외떨어진 성에서 당나라 태종의 10만 정예병에 대항해 60일이나 버텨 내고, 적군이 포기하고 돌아갈 때는 성루에 올라 예를 갖춰 보낸 일이 있다. 돌아가는 태종조차 양만춘의 견고한 수비를 가상히 여겨 비단 100필을 하사하며 임금을 잘 섬기도록 격려했다고 한다. 이러한 사실이 중국의 『통감강목』[1]에는 실려 있으나 우리 역사책에는 성주의 이름마저 빠져 있으니, 참으로 애석한 일이다.

『월정만록』[2]에 이런 내용이 있다.

"임진왜란 이후에 중국의 장수들이 우리나라에 많이 왔는데, 그중 오종도(吳宗道)라는 자가 내게 말하길, 안시성주의 이름은 양만춘으로 당 태종이 지은 『동정기』[3]에 그에 대한 기록이 있다고 했다. 또 얼마 전 감사 이시발[4]을 만났는데 그가 말하길, 『당서연의』[5]를 보니 안시성주는 과연 양만춘이 맞더라고 하였다."

1_ 『통감강목』: 송(宋)나라 때 역사책 『자치통감강목』(資治通鑑綱目)을 말한다.
2_ 『월정만록』(月汀漫錄): 선조 때의 문신 윤근수(尹根壽, 1537~1616)가 저술한 책. 월정은 윤근수의 호.
3_ 『동정기』(東征記): '고구려 정벌기'라는 뜻.
4_ 이시발(李時發): 1569~1626. 선조 때의 문신으로 경상도와 함경도 관찰사를 지냈다. 감사는 관찰사의 별칭.
5_ 『당서연의』(唐書衍義): 당나라 역사를 다룬 역사소설.

중국에서 나온 두 책의 기록이 서로 같으니 안시성주가 양만춘임은 의심할 나위가 없다. 아아, 안시성주의 공적이 동방에서 제일이니 우리나라 사람들이 그 이름을 외워 전하는 것은 당연한 일이다. 그런데도 오히려 그 이름을 전하는 것은 중국인이고 정작 우리는 아득하게 모르고 있으니, 당시 우리의 사관(史官)은 어찌 그리 꼼꼼하지 못해 이런 일을 기록하지 않았단 말인가! 아니면 잦은 병화에 책이 다 불타 사라져 버려 그렇단 말인가! 참으로 부끄러운 일이다.

이색의 문집에 실린 「당 태종 때를 노래하다」라는 시에 "내 주머니 속 물건이라 여겼는데 / 검은 꽃이 흰 깃털 화살에 떨어질 줄 누가 알았나"라는 구절이 있다.[6] 이는 태종이 고구려를 공격했다가 화살에 맞아 눈을 다친 일을 풍자한 것이다. 김종직[7]은 이 시를 골라 『청구풍아』에 실으면서 태종이 눈 다친 일이 역사책에는 전하지 않는다 해도 이색이 중국에 유학 가서 어찌 들은 바가 없었겠느냐고 덧붙였다. 서거정도 『동인시화』에서[8] 필경 당시 당나라 사관이 자기 나라를 위해 숨긴 것일 테니 역사책에 없는 것이 이상한 일이 아니라고 말했다.

태종이 눈을 다친 사실은 중국에는 수치스러운 일이니 그들

---

[6] 이색의~구절이 있다: 이색(李穡, 1328~1396)은 고려 말의 문신. 문집에 『목은시고』(牧隱詩藁)와 『목은문고』(牧隱文藁)가 있다. 「당 태종 때를 노래하다」의 원제는 「정관음」(貞觀吟)이다. '정관'은 당 태종의 연호. 당 태종은 고구려 정벌에 나서면서 "고구려 정벌쯤은 내 주머니에서 물건 꺼내는 것과 같다"고 호언장담했다고 한다. 이 시는 이색이 중국 유학을 마치고 돌아오던 중에 지은 것으로 『목은시고』 권2에 실려 있다. '검은 꽃'이란 눈동자를 말한다.

[7] 김종직(金宗直): 1431~1492. 영남 사림파의 거두. 우리나라 시 중 빼어난 것을 골라 실은 『청구풍아』(靑邱風雅)를 편찬했다.

[8] 서거정 『동인시화』에서: 서거정(徐居正, 1420~1488)은 성종 때의 문신. 우리 문학에 대한 주체적 인식에 입각해, 『동문선』(東文選)을 편찬했다. 『동인시화』(東人詩話)는 일종의 시평집이다.

이 역사책에 싣지 않은 것이 당연한 일인지도 모른다. 그러나 우리나라에 있어서는 대단한 공로인데도 정사(正史)에도 야사(野史)에도 기록된 것이 하나도 없으니 문헌의 미비함이 어찌 이같이 심할 수 있단 말인가!

여러 문헌을 고구(考究)해 당나라 태종을 물리친 안시성주 양만춘의 사적을 되살려 내고 있다. 홍만종은 평소 우리나라 역사가 중국사와 서로 대등하다고 생각했으므로 중국에 버금가는 우리 영웅의 사적이나 문인의 일화에 관심이 많았다. 이 글에는 그의 주체적 역사의식이 특히 강하게 드러나 있다.

진시황을 저격했다는 우리나라 장사

세상에 이런 이야기가 전해 내려온다.

옛날 예국(穢國)의 한 시골 노파가 시냇가에서 빨래를 하고 있었는데, 바가지만 한 알 하나가 둥둥 떠내려왔다. 신기하게 여긴 노파는 알을 건져 집으로 가져갔다. 얼마 뒤 단단한 알껍데기를 깨고 사내아이 하나가 나왔는데, 생김새가 범상치 않았다. 노파는 아이를 기르기로 했다. 아이가 열예닐곱 살이 되자 키는 8척이나 되었고 얼굴빛은 거무튀튀했다. 그리하여 검다는 뜻의 '여'(黎)를 성씨로 삼았다.

그즈음 사나운 호랑이 한 마리가 나타나 대낮에 거리를 휘젓고 다니며 사람을 여럿 해쳐 나라의 큰 근심거리가 되었는데 이를 막을 수 있는 사람이 아무도 없었다. 그러자 여 장사(壯士)가 분을 내며 떨쳐 일어나 이렇게 말했다.

"내가 꼭 그 고약한 짐승을 죽여 더 이상 생명을 해치지 못하게 하겠소."

사람들은 그 말을 믿지 않았다.

그때 어디선가 우레와 같은 소리가 나며 서늘한 바람이 '솨아' 하고 불어왔다. 그러더니 얼룩덜룩하고 커다란 호랑이 한 마리가 큰 소리로 포효하고는 이를 박박 갈며 산에서부터 뛰어 내려와 사람들에게 달려들었다. 여 장사는 세차게 달려 높이 솟구쳐 오르더니 호랑이 위에 올라타 몽둥이로 한 대 내려쳐 단번에 호랑이 머리를 박살내 죽여 버렸다.

그런 일이 있고 난 얼마 뒤, 임금이 명을 내려 무게가 1만 균[1]이나 되는 종을 만들었는데, 장사 수천 명이 달라붙어 종을 옮기려 했지만 꿈쩍도 하지 않은 일이 있었다. 그것을 여 장사가 한번에 들고 일어나 져 날랐다. 임금이 여 장사의 장한 힘을 신기하게 여겨 늘 곁에 두고 손님처럼 대우했다. 그 뒤 여 장사는 어디로 갔는지 알 수가 없다고 한다.

내가 태사공이 쓴 장량의 전기[2]를 보니 이런 내용이 있었다.

"장량은 동쪽으로 가 창해군(滄海君)을 만나 힘센 장사 한 명을 얻었는데, 그 장사는 무게가 120근이나 되는 쇠망치를 다루었다. 진시황(秦始皇)이 동쪽으로 순행(巡幸)을 가자 장량은 장사를 데리고 박랑사(博浪沙)에서 시황제를 저격했으나, 황제가 탄 수레 뒤에 따라가던 수레를 맞히는 바람에 실패했다."

「조선열전」[3]에도 "조선은 연(燕)나라 때부터 진(秦)나라 때까지 때때로 중국에 종속되어 신하 노릇을 했다"고 했으니, 이를 보건대 진나라와 한나라가 있던 시대에도 조선은 중국과 서로 교류했다는 것을 분명히 알 수 있다. 또 "지리적으로 상고해 보

1_ 균: 1균(鈞)은 30근이라고 한다.
2_ 태사공이 쓴 장량의 전기: 태사공(太史公)은 사마천이다. 장량(張良)의 전기란 『사기』 「유후세가」(留侯世家)를 말한다. 장량은 한(漢)나라를 세운 고조(高祖) 유방(劉邦)의 책사다. 한나라 건국의 공이 인정돼 '유후'에 봉해졌다.
3_ 「조선열전」(朝鮮列傳): 사마천의 『사기』 열전(列傳) 중 한 편이다.
4_ 이수광의 『지봉유설』: 이수광(李睟光, 1563~1628)은 조선 실학의 선구자. 지봉은 이수광의 호. 『지봉유설』(芝峰類說)은 우리나라 최초의 백과사전적 저서. 창해군에 관한 이야기는 『지봉유설』 권6 「경서부」(經書部) '제사'(諸史)에 보인다.

면 예국은 옛날 강릉에 있던 나라로, 강릉 오대산이 창해군(滄海郡)의 옛터라는 이야기가 지금까지도 그 지역 토박이들 사이에서 전해 내려오고 있으니 이는 확실히 믿음직한 말"이라고 이수광의 『지봉유설』4-에도 나와 있다.

    장량이 힘센 장사를 그리 애타게 찾았지만 중국처럼 큰 나라에서도 결국 찾아내지 못하고, 마침내 우리나라의 구석진 지방에서 찾아냈으니 참으로 신기한 일이다.

우리나라의 이름 없는 영웅이 중국 역사의 한 페이지를 장식한 것에 자부심을 드러내고 있다.

일본인이 두려워한 승려 유정

승려 유정(惟政, 1544~1610)의 호는 송운(松雲)이다. 임진왜란 때 의병을 일으켜 수많은 일본인을 무찌르고 포로로 잡았다. 그리하여 특별히 임금께 승대장(僧大將)이라는 직함을 받았으니 우리나라뿐 아니라 일본에까지 그 이름이 널리 알려졌다.

난리가 평정된 뒤 일본은 통신사를 보내 줄 것을 요청해 왔다. 이 소식을 들은 사람들은 모두 분하게 여겼지만, 나라에서는 변방 지역이 또다시 전쟁으로 희생되지나 않을까 염려하여 유정을 일본에 보내 정세를 탐지해 보기로 했다.[1]

유정은 일본에서 이미 명성이 자자했다. 일본인들은 유정의 절개가 얼마나 대단한지 보자면서 재물로 구슬리며 항복의 예를 차리도록 강요하였다. 유정은 이렇게 말했다.

"나는 우리나라의 왕명을 받들고 이웃 나라에 통신사로 온 사람이오. 그대들은 나를 모욕해서는 안 될 것이오. 내 무릎은 그대들 앞에 꿇으라고 있는 것이 아니오."

그러자 일본인들은 숯불이 이글이글한 커다란 화로를 가져다 놓고 유정에게 불 속으로 들어가게 하였다. 유정은 눈 하나 꿈쩍 않고 곧장 화로로 걸어갔다. 유정이 막 화로 속으로 뛰어들

---

[1] 난리가 평정된 뒤~탐지해 보기로 했다: 도요토미 히데요시(豊臣秀吉) 사망 이후 일본 내 패권을 장악한 도쿠가와 이에야스(德川家康)는 조선에 통신사(通信使) 재파견을 요구했다. 조선은 일본과 정식 강화를 맺은 것이 아니었으므로 통신사가 아닌 탐적사(探賊使)를 파견한다. 첫 탐적사로 유정이 파견되었으니 1604년의 일이다. 유정은 쓰시마 섬(對馬島)을 거쳐 도쿄(東京)로 들어갔으며, 이듬해 5월 일본에 잡혀갔던 포로 3천여 명을 데리고 부산포로 귀환했다.

려는 순간 갑자기 하늘에서 쏟아붓는 것처럼 비가 내려 불을 꺼 버렸다. 일본인들은 유정을 신이라 여기고 여기저기서 모두 절을 하며 말했다.

"하늘이 이처럼 보살피시니 대사께선 생불임에 틀림없습니다."

그러고는 즉시 금으로 된 의자를 가져와 유정을 앉혔다. 이때부터 일본인들은 유정이 측간에 갈 때도 금 의자를 받들고 갔다.

간바쿠인 가토 기요마사[2]가 유정에게 물었다.

"조선에는 어떤 보물이 있소?"

"그런 건 없소."

"조선이 찾는 것은 무엇이오?"

"조선이 찾는 것은 바로 간바쿠의 머리요."

기요마사는 발끈하여 칼자루를 움켜쥐고 유정 앞으로 성큼성큼 다가갔다. 그러나 유정은 얼굴빛 하나 변하지 않았으며 앉은 채 미동도 하지 않았다. 이를 본 기요마사는 물러서며 사죄했다.

유정이 귀국할 때가 되자 기요마사가 물었다.

"대사께서 원하는 것이 있으면 무엇이든 드릴 것이니 말씀해 보시오."

"승려는 본래 아무것도 원하는 것이 없는 법이오. 다만 우리

2_ 간바쿠(關白)인 가토 기요마사(加藤淸正): 간바쿠는 일본 천황의 섭정(攝政) 벼슬을 일컫는다. 기요마사는 섭정을 지낸 적이 없으며, 유정이 일본에 가서 만난 상대는 도쿠가와 이에야스였다. 민간 설화로 유포되는 과정에서 와전된 듯하다.

나라에서 그린 부처님 영정이나 돌려주었으면 하오."

"우리나라가 비록 작지만 귀중한 보물이 많소. 어찌 보물을 다 버리고 그까짓 영정을 원한단 말이오?"

"그 영정 속의 부처님은 영험한 분이오. 바람을 빌면 바람이 일고 비를 빌면 비가 오며, 재앙을 물리치고 상서로움을 가져다주지요. 그래서 돌려 달라고 하는 것입니다."

그러자 기요마사를 비롯해 모든 일본인이 한목소리로 이렇게 물었다.

"대사께서도 능히 비와 바람을 부르면서 무엇 때문에 그 부처님 영정을 가져가려 하시오?"

유정은 다시 고집하지 않고 그대로 돌아왔다.

이때부터 일본인들은 다시는 감히 큰소리를 치지 못하였고, 지금까지도 송운 대사가 쓴 글씨를 보면 많은 값을 주고 사서는 오직 잃어버릴까 걱정한다고 한다.

우리에게는 사명 대사(四溟大師)라는 이름이 더 친숙하다. 임진왜란이 한창이던 1594년, 사명 대사는 단신으로 적장 가토 기요마사를 찾아가 담판을 벌인다. 당시 사명 대사의 인품과 위엄에 일본군마저 감복했으며, 특히 기요마사는 대사에게 인간적 호감과 신뢰를 느꼈다고 한다. 기요마사와의 담판에서 사명 대사는 조선을 두고 벌이던 일본과 명나라 간의 비밀 교섭을 와해시키는 외교적 성과를 거둔다.

우리나라의 이름

 (…) 우리 조선이란 이름의 유래는 이렇다. 옛사람들은 우리나라가 해 돋는 땅인 양곡(暘谷)과 가깝다고 여겼다. 그래서 아침이라는 뜻의 '조'(朝) 자를 붙이고, 해가 뜨면 가장 먼저 밝으니 선명하고 곱고 아름답다는 뜻에서 '선'(鮮) 자를 붙였다.

 고려라는 이름 또한 산은 높고[高] 물은 좋다[麗]는 뜻에서 붙여진 것으로, 우리나라의 산수는 아름답기로 천하 으뜸이다. 중국에는 '고려에 태어나 금강산 한번 보면 원이 없겠다'는 말까지 있으니, 그들이 우리나라의 자연을 얼마나 흠모했는지 알 만하다. (…)

 신라는 처음에는 서라벌·사라·사로·신라·계림 등 여러 가지로 불리다가 지증왕(재위 500~514) 때에 신라를 정식 국호로 채택했다. '신'(新)은 덕업(德業)이 날로 새로워진다는 뜻이고, '라'(羅)는 온 세상을 두루 다스린다는 뜻이다. (…)

 고구려의 시조 고주몽은 졸본 부여의 비류수 가에 도읍을 정하였다. 주몽은 요동 땅 구려산(句麗山) 아래에서 태어났으므로 자신의 성씨 '고'(高)를 산 이름 위에 붙여 나라 이름을 삼았다. (…)

1_ 부아악(負兒岳): 북한산의 다른 이름. 아이를 업은 모습 같다고 해서 붙여진 이름이다.

백제의 시조 고온조와 그의 형 비류는 부아악[1]에 올라 살 만한 땅을 조망해 본 뒤, 비류는 미추홀(彌鄒忽: 지금의 인천 지역)에 자리를 잡고, 온조는 한강 남쪽 위례성에 도읍해 나라를 세웠다. 처음에는 열 명의 신하가 도움을 주었다 하여 나라 이름을 십제(十濟)라고 했다가, 뒤에 백성들이 기쁘게 따른다는 의미를 취해 백제(百濟)로 고치고, 한산(漢山)으로 도읍을 옮겼다. (…)

나라 이름의 유래와 의미를 찾고 도읍지를 지리적으로 고증하는 데 관심을 기울이는 것은 자기의 뿌리와 역사를 알고자 하는 마음에서 비롯하는 것이다. 선조들이 우리나라 산수가 아름다운 데 대해 큰 자부심을 지니고 있었다는 것을 알 수 있다. 원문 가운데 소소한 지명을 고증해 나열한 부분은 생략하였다.

황제 한번 못 해 본 나라

(…) 우리나라는 대륙과 바다 사이에 끼어 있으며 땅은 작고 협소하다. 동쪽과 남쪽은 일본과 이웃하고 있고, 북쪽으로는 말갈[1]이 국경을 접하고 있으며, 서쪽으로는 여진이 강 너머 가까이 있어 삼국 때부터 여러 차례 침입하거나 소동을 일으켜 왔다.

신라와 백제는 모두 태자를 일본에 볼모로 보낸 일이 있으며, 신라가 삼국을 통일하고 나서부터는 일본에게 오로지 침해를 당하기만 했다. 고려는 고종(재위 1213~1259) 때부터 침략을 당해 원종(재위 1219~1274) 때는 몽고와 함께 일본을 정벌해 보려고도 했으며, 충렬왕(재위 1274~1308) 때는 정벌을 시도했다가 형세가 불리하여 되돌아 오기도 했다. 충정왕(재위 1349~1351) 이래로 일본은 늘상 고성과 거제 땅을 침범했고, 공민왕(재위 1351~1374) 때는 그 기세가 버쩍 심해져 침탈을 마구 일삼았다. 최영 장군이 자청하여 격퇴하고 또 우리 태조께서도 이지란 등과 함께 격파하신 일이 있지만, 그후로도 일본은 해마다 침입하지 않은 적이 없었다.

결국 선조 임진년(1592)에 일본의 도요토미 히네요시가 가토 기요마사와 소 요시토시[2]를 앞세워 대대적으로 우리나라를

---

[1] 말갈(靺鞨): 만주 북동부 일대에서 한반도 북부에 걸쳐 거주했던 부족. 고구려와 함께 발해를 구성했던 부족이다.
[2] 소 요시토시(宗義智): 당시 쓰시마 섬의 도주(島主).

침입했다. 선조께서는 서쪽으로 의주까지 피난을 가셨고, 명나라에 구원병을 보내 줄 것을 청하셨다. 명나라 황제는 장군 이여송(李如松)을 보내 일본군을 공격하였으니, 공격한 지 6년 만에야 겨우 물리칠 수 있었다.

말갈은 삼국 때부터 우리 국경 지역을 빈번히 침범했고, 여진은 고려 숙종 때부터 걱정거리가 되었는데, 고종 때는 거란과 합세해 우리나라를 공격했고, 신우 때는 추장 호발도가 쳐들어왔다. 우리 세조조에 와서는 여진족 모린위가 북쪽 국경을 여러 차례 침입하므로, 세조께서 신숙주와 김종서 등을 보내 토벌하셨다.3_ 육진성4_을 쌓았지만 그 뒤에도 이탕개·모을지·내로태의 침입 등 환란이 끊이질 않았으니, 이는 다 말갈과 여진의 남은 무리들이었다.

인조 병자년(1636)에는 금(金)나라의 홍타이지5_가 10만 대군을 이끌고 순식간에 왕성으로 쳐들어왔으니, 인조께서는 어찌해 보실 겨를도 없이 남한산성으로 피신하셨다. 홍타이지는 직접 군대를 이끌고 남한산성을 포위하고, 용골대6_로 하여금 강화도를 함락하게 하였다. 그러고는 세자와 대군들을 모두 포로로 끌고 갔으니, 우리나라는 세력이 다해 굴복하고 말았다. (…)

몽고는 고려 고종(재위 1213~1259) 때부터 여러 차례 근심거리가 되었다. 그리하여 고종은 세자를 보내 항복을 청했다. 그

3_ 우리 세조조에~토벌하셨다: 세조 6년(1460)의 일이다.
4_ 육진성(六鎭城): 두만강과 압록강 일대의 여진족을 견제하기 위해 설치한 진(鎭). 세종 16년(1434)에 시작하여 31년(1449)까지 여섯 곳의 군사 요충지에 성을 쌓았다.
5_ 홍타이지: 후금(後金)을 세운 누르하치의 아들로, 청(淸)나라의 제2대 황제(재위 1626~1643). 국호를 '금'에서 '청'으로 바꿨다.
6_ 용골대: 병자호란 당시 악명 높았던 여진족 장수.

뒤로 일곱 왕이 모두 억지 혼인을 맺어 구차하게 나라의 명맥을 유지했으니, 무슨 일이든 원나라가 조종하는 대로 들어야 했다.

중국 사람들은 우리에게 이렇게 말한다.

"사타7_와 말갈도 모두 중국에 들어와 주인 노릇을 해 보았지만, 너희 나라는 그러지 못했다."

또 이렇게도 말한다.

"천 리 되는 강도 없고 백 리 되는 평야도 없으니, 너희 나라에서 무슨 영웅이 나겠느냐?"

그들의 멸시가 이토록 심하다.

임제8_가 병이 깊어 임종할 즈음 그 자제들이 모두 눈물을 흘렸다. 그러자 임제는 울음을 그치게 하고 이렇게 말했다.

"세상 모든 오랑캐와 야만인들이 황제가 돼 보지 않은 족속이 없고, 오계9_ 시대에는 스스로 황제를 칭한 자들이 한이 없었건만, 우리만 유독 황제 한 번 칭해 보지 못했다. 이런 나라에 사는 것이 죽는 것보다 나을 게 뭐가 있겠느냐?"

이는 일소에 부치기 쉬운 말이지만, 그러나 지금 생각해 보면 온갖 폐백과 공물을 바치며 청나라에 신하 노릇 하는 것을 그만둘 수가 없으니 어찌 참으로 가련한 일이 아니겠는가!

7_ 사타(沙陀): 돌궐족의 한 파. 오대(五代) 시대의 두 번째 왕조인 후당(後唐, 923~936)을 세웠다. 후당은 낙양을 수도로 하여 중국 북부 대부분을 장악했으며, 이후 후진(後晉, 936~947)과 후한(後漢, 947~950)으로 이어졌다.

8_ 임제(林悌): 1549~1587. 선조 때의 문신. 당대의 빼어난 문인으로, 시풍이 호방하고 쾌활하여 격식에 구애됨이 없었다.

9_ 오계(五季): 중국 오대(五代)의 말엽. '계'(季)는 말엽이란 뜻.

삼국 시대부터 끊임없이 외침을 당해 온 역사를 서술하고, 중국인에게 약소국으로 멸시 받고 핍박 당하는 현실을 통탄하고 있다. 임제의 유언에는 변방 지식인으로서의 울분과 냉소가 짙게 배어 있다. 그러나 문제는 전쟁과 착취를 일삼는 강대국 쪽에 있는 것이지, 지배 당하고 침탈 당하는 약소국에 있는 것이 아니다.

우리말 우리 노래

『순오지』

중국 노래의 음률을 따지는 건 쓸데없는 일

우리나라 사람은 중국 노래의 음률을 알 수 없으므로 옛날부터 악부1_의 가사(歌詞)를 짓는 이가 드물었다. 그런데 근래에 정사룡2_이 가사 한 수를 지었다. 윤춘년3_이 본래 음률을 잘 알았는데, 그는 정사룡이 지은 가사를 보고는 웃으며 말했다.

"이 가사는 5음 6률4_에 맞지 않습니다."

정사룡은 실망하여 돌아가서는 『운회오성집운』(韻會五聲集韻) 등 음률에 관한 책을 가져다 놓고, 이백(李白)의 시 중 '동정서망초강분'(洞庭西望楚江分: '동정호 서쪽으로 초강이 나뉜 게 바라뵈고'라는 뜻)5_이라는 시구를 모방해 한 글자 한 글자 그 청탁(淸濁)과 고저(高低)를 맞춰 다시 가사 한 수를 지어 윤춘년에게 보였다.

윤춘년은 가사를 서너 번 낭송해 본 뒤 말했다.

"이 가사는 거의 음률이 맞습니다."

"그럼 그 가사가 옛날 어떤 악부와 비슷한지 알겠나?"

윤춘년은 잠시 생각하고는 이렇게 말했다.

1_ 악부(樂府): 원래 민간의 음악을 채집해 정리하던 관청의 이름이었는데, 점차 이곳에서 채집한 노래의 가사를 악부라 불렀다. 이 악부의 형식을 빌려 지은 시를 악부시(樂府詩) 혹은 악부체시(樂府體詩)라 한다.
2_ 정사룡(鄭士龍): 1491~1570. 중종 때 문신.
3_ 윤춘년(尹春年): 1514~1567. 명종 때 문신.
4_ 5음 6률: 옛날 중국 음악의 음계.
5_ 동정서망초강분: 「족숙 형부시랑 이엽과 중서사인 가지를 모시고 동정호에서 노닐다」(陪族叔刑部侍郎曄及中書賈舍人至遊洞庭)라는 시의 첫 구절이다. 『이태백문집』 권17에 실려 있다.

"이백이 쓴 「청평사」의 '동정서망초강분'과 비슷합니다."[6]

정사룡은 크게 놀라 탄복하고는 다시는 악부를 짓지 않았다.

소동파(蘇東坡)는 스스로 이런 말을 한 적이 있다.

"내가 평생 남보다 못하는 것 세 가지가 있는데 바둑과 술, 노래가 그것이다."

실제 소동파의 가사는 아무리 잘 쓴 것이라도 가락에 들어맞지 않기가 일쑤였다.

또 양신[7]이 지은 악부는 사람들에게 널리 알려져 있지만 시 짓는 사람들은 그의 시를 좀처럼 인정하지 않았다. 그것은 양신이 본래 촉(蜀) 땅 사람이어서 그의 악부에는 사천(四川) 지방의 가락이 많았고, 남방이나 북방의 표준 가락과는 맞지 않았기 때문이라고 한다.

나는 이렇게 생각한다. 중국 사람들이 지은 가사도 가락에 맞지 않는다느니 운율에 맞지 않는다느니 말들이 많은데, 하물며 우리 같은 변방의 나라에서 무슨 사곡(詞曲)을 잘 짓기를 바란다는 말인가? 그러니 정사룡이 한 글자 한 글자 힘들게 연구하여 음률에 맞는 가사 짓기를 바란 것은 쓸데없는 수고만 한 것이 아니겠는가?

---

[6] 이백이 쓴~비슷합니다.: '동정서망초강분'은 「청평사」(淸平詞)의 구절이 아니다. 착오가 있는 듯하다.
[7] 양신(楊愼): 1488~1559. 중국 명나라의 문인. 호는 승암(升菴). 사천성 신도(新都) 사람이다.

홍만종은 우리나라 시사(詩史)라 할 수 있는 『소화시평』(小華詩評)을 편찬했을 정도로 한시에 대한 안목이 빼어났다. 하지만 이 글에서 홍만종은 우리나라 사람이 중국의 음률에 맞게 가시(歌詩)를 짓는 것이 대단히 어려운 일임을 말하고 있다. 이러한 인식은 그가 우리 문학을 올바르게 자각하고 긍정하는 데 밑바탕이 되었다고 보인다.

우리에게는 우리의 노래가

우리나라 사람이 지은 노래는 모두 우리말을 사용하는데, 간혹 한자가 섞여 있을 뿐 대개 우리글[1]로 세상에 전한다. 우리나라 사람은 중국과 달리 우리말을 사용하니 당연한 이치다. 이런 노래는 중국의 노래와 나란히 비교할 수는 없을지라도 그것대로 보고 들을 만한 것이 많다. 『상촌집』[2]을 보면, 이수광이 지은 「조천록 가사」[3]에 대해 다음과 같이 말하고 있다.

"중국의 가사(歌詞)라는 것은 지방의 흘러간 가요와 새로운 유행가 가락에 관현악을 입혀 구색을 갖춘 것을 말한다. 우리나라의 가사는 우리말 발음 그대로를 간혹 한자를 섞어 표현한 것이다. 이는 비록 중국과는 다르지만 우리의 정취가 실려 있고 우리 가락에도 잘 맞는다. 그래서 사람들로 하여금 빠져들어 노래하고 춤추게 하는 것이니, 이런 점에서는 결국 중국과 다르지 않다."

참으로 그럴듯한 말이 아닌가! 그래서 나는 여기서 우리의 노래 중에서도 아주 뛰어나 세간에 널리 알려진 것들을 뽑아 소개하고자 한다.

1_ 우리글: 원문은 '언서'(諺書)다. 조선 시대에 한글은 언서·언문(諺文) 등으로 불렸는데, '천한 글자'라는 뜻이다.
2_ 『상촌집』(象村集): 신흠(申欽, 1566~1628)의 문집. 상촌은 그의 호.
3_ 이수광이 지은 「조천록 가사」: 「조천록 가사」(朝天錄歌詞)는 '천자를 조회하고 와 지은 노래', 즉 이수광이 중국을 다녀와 지은 가사다. 지금은 전하지 않는다.
4_ 진복창(陳復昌): ?~1563. 한미한 가문 출신으로 세도가 윤원형의 신임을 받아 대사헌·부제학까지 올랐다. 을사사화 때 대윤(大尹)에 속한 인물을 많이 죽게 해 뒷날 사관의 혹평을 받았으며, 파직 당해 함경남도 삼수(三水)로 유배 가 죽었다. 문장과 글씨에 뛰어났다고 한다. 그가 쓴 「역대가」(歷代歌)는 316구(句) 가량의 장편 가사로, 「만고가」(萬古歌)로도 불린다.

「역대가」는 진복창4_이 지은 것으로, 역대 제왕들의 정치와 성현 군자들의 영욕을 기록하였다. 옛일을 거울삼아 보게 하는 역사서와 비길 만하다.

「권선지로가」(勸善指路歌)는 조식5_이 지은 것으로, 성리학의 이념과 실천에 대해 노래해 도학의 길을 보여 주고 있으니 유가(儒家)의 지침서라 할 만하다.

「원분가」는 홍섬6_이 지은 것이다. 공(公)은 젊은 시절 김안로의 모함으로 혹독한 고문을 당해 죽을 뻔했다가 겨우 살아난 적이 있는데, 이 노래는 공이 홍양에 유배되었을 때 자신의 원망과 분함을 토로한 노래다. 실로 원통한 울음소리라 할 만하다.

「면앙정가」(俛仰亭歌)는 정승 송순7_이 지은 것으로, 산수의 뛰어난 경치를 읊고 그곳에서 노니는 즐거움을 노래했다. 호연지기(浩然之氣)가 느껴진다.

「관서별곡」(關西別曲)은 백광홍8_이 지은 것이다. 공(公)이 평안도 평사9_가 되어 이곳저곳을 두루 다니다 국경 근처 중국과 가까운 곳까지 가 본 뒤 관서 지방의 아름다움을 읊은 노래다.

「관동별곡」(關東別曲)은 송강(松江) 정철이 지은 것으로, 아름다운 관동 지방을 두루 다니며 기괴하고 그윽한 풍경을 노래했다. 절묘한 묘사와 빼어난 언어 감각이 실로 가사 중에 절창이

5_ 조식(曺植): 1501~1572. 명종 때 성리학의 대가. 호는 남명(南溟).
6_ 홍섬(洪暹): 1504~1585. 김안로를 탄핵하다 전라남도 홍양(興陽)으로 유배를 간 적이 있다. 김안로가 사사(賜死)된 뒤 풀려났으며, 뒷날 벼슬이 영의정까지 올랐다. 홍섬이 쓴 「원분가」(冤憤歌)는 전하지 않는다.
7_ 송순(宋純): 1493~1583. 명종 때의 문인. 시조를 잘 지었다. 고향인 전라남도 담양에 '면앙정'(俛仰亭)이라는 정자를 짓고 은거하였으며, 이를 자신의 호로 삼았다.
8_ 백광홍(白光弘): 1522~1556. 시문에 능했으며, 문집에 『기봉집』(岐峯集)이 있다.
9_ 평사(評事): 평안도와 함경도에 두었던 정6품 무관직.

라 할 만하다.

「사미인곡」(思美人曲)도 송강의 작품이다. 『시경』에서 '미인'을 임금에 빗대어 노래한 것을 본떠 시대를 근심하고 임금을 사모하는 마음을 읊었다. 옛날 초나라의 「백설곡」[10]에 비길 만하다.

「속사미인곡」(續思美人曲) 역시 송강의 작품으로, 「사미인곡」에서 못다 한 마음을 다시 노래하고 있다. 말은 아름답고 뜻은 더욱 절실하니, 제갈공명의 「출사표」[11]와 어깨를 겨룰 만하다.

「장진주」역시 송강이 지었다. 이태백과 이하[12]의 「장진주」에서 술 권하는 뜻을 모방하고 두보의 '시마복 입은 수많은 사람'이라는 구절과 '그대 묶여서 가니'라는 구절을 취했으니,[13] 그 뜻이 막힘이 없고 시어(詩語)는 처량하다. 그 옛날 맹상군이 들었다면 옹문자가 거문고 타는 소리를 들었을 때 그랬던 것처럼 눈물을 떨어뜨렸을 것이다.[14]

「강촌별곡」(江村別曲)은 차천로[15]가 지은 것이다. 강으로 산으로 다니는 흥취를 신나게 말하고, 한가로이 사는 재미를 하

10_ 「백설곡」(白雪曲): 중국 초(楚)나라 사람 송옥(宋玉)의 작품.
11_ 제갈공명의 「출사표」: 제갈공명은 중국 삼국시대 촉한(蜀漢)의 정치가 제갈량(諸葛亮, 181~234). 공명(孔明)은 그의 자(字). 「출사표」(出師表)는 공명이 유비의 아들 유선에게 올린 글이다. 절절한 충심이 드러나 있기로 유명하다.
12_ 이하(李賀): 790~816. 중국 당나라 시인. 낭만적이고 환상적이며 상상력 풍부한 시를 써 '귀재'(鬼才)로 불렸다. 일찍이 과거를 포기하고 절망과 슬픔 속에 살다 27세로 요절했다. 그가 지은 「장진주」(將進酒)는 좌절된 인생에 대한 절망을 노래한 시다.
13_ 두보의~구절을 취했으니: '시마복 입은 수많은 사람'(緦麻百夫行)과 '그대 묶여서 가니'(君看束縛去)는 두보(杜甫)의 시 「견흥 5수」(遣興五首) 중 마지막 수(首)의 구절이다. 화려한 장례 행렬도 죽은 이에게는 소용없다는 내용으로, 부귀영화의 부질없음을 읊은 시다. 홍만종은 정철의 「장진주」 가운데 '백부시마 우러어나'와 '줄풀루여 메여다가'라는 구절이 두보의 위 구절을 모방한 것이라 여긴 듯하다.

나하나 노래한 것으로, 하늘나라의 신선이라도 이보다 나을 수 없을 것이다.

「원부사」는 허균의 첩 무옥(巫玉)이 지은 것16_으로, 홀로 규방에 있는 외로움과 분단장한 고운 자태를 곡진히 노래하고 있으니, 고금의 어느 시인의 애정시가 이보다 나으랴.

「유민탄」(流民歎)은 조위한17_이 지은 것으로, 혼탁한 조정의 번거로운 법령과 지방마다 백성에게 부과되는 가혹한 세금을 서술하였으니, 정협의 〈유민도〉18_와 같다 하겠다.

「목동가」(牧童歌)는 임유후19_가 지은 작품이다. 광해군 때 공(公)은 벼슬에 나가지 않았다. 한가로이 스스로 만족하여 지내는 마음을 읊은 이 노래는 화복과 영욕을 초탈하였으니, 초사(楚辭)의 남긴 뜻과 비슷하다.

「맹상군가」는 누가 지었는지 알 수 없다. 번화로운 세상살이도 일장춘몽과 같음을 쓸쓸해 하며, 죽은 뒤에 이름이 남는다 해도 살아서 즐거움만 같지 못함을 노래했다. 맹상군의 영혼이 구천에서 이 노래를 듣는다면 분명 눈물로 옷깃을 적실 것이다.

14_ 그 옛날 맹상군이~떨어뜨렸을 것이다: 맹상군(孟賞君, ?~BC 279)은 중국 전국시대의 명망가이자 실력가로 수천의 식객을 거느린 것으로 유명하다. 뒤에 제후가 되었다. 옹문자(雍門子)는 전국시대 거문고의 명인. 맹상군이 부귀영화의 무상함을 연주하는 옹문자의 거문고 소리를 듣고 눈물을 흘렸다는 고사가 있다.

15_ 차천로(車天輅): 1556~1615. 선조 때의 문인.

16_ 「원부사」는~무옥이 지은 것: 「원부사」(怨婦辭)는 「규원가」(閨怨歌)로도 불리며, 허균(許筠, 1569~1618)의 누이 허난설헌이 지은 가사라는 설도 있다.

17_ 조위한(趙緯韓): 1567~1649. 선조·광해군 때의 문인.

18_ 정협의 〈유민도〉(流民圖): 정협(鄭俠)은 중국 송나라 사람. 정협은 가뭄이 들자 유민(流民)들의 굶주리는 모습을 그린 〈유민도〉를 왕에게 올렸다. 그림을 본 왕이 당시 과다한 세금 징수의 근거가 되었던 청묘법을 철폐하자 하늘에서 큰 비가 내렸다는 일화가 있다.

19_ 임유후(任有後): 1601~1673. 효종 이후 기용되어 예조참판·승지·공조참판·병조참판·경기도관찰사·경주부윤 등을 역임했다.

우리 노래에 적극적인 가치를 부여하고 좋은 우리 가사를 간단한 평어(評語)와 함께 소개하고 있다. 한문학이 지배하던 시대에 우리말과 우리 문학의 가치를 긍정하고 있는 이 글은 한국문학 비평사에서 매우 중요한 위치를 차지한다. 그동안 김천택(金天澤)이 편찬한 것으로 알려졌던 우리말 가곡집 『청구영언』(靑丘永言)이 원래 홍만종의 편저라는 사실이 최근 새롭게 학계에 보고된 바 있다. 우리 문학사에 대한 홍만종의 공헌이 매우 크다 하겠다.

중국인이 탄복한 이색의 시 솜씨

고려 때 이색은 중국에 들어가 과거에 급제한 일이 있다. 중국 학사(學士) 구양현(歐陽玄)이 그를 변방국 사람이라 업신여기고 시구 하나를 지어 조롱했다.

짐승 발굽 새 발자국[1] 중국까지 이르렀네.
獸蹄鳥迹之道, 交於中國.

그러자 이색이 즉석에서 응대했다.

개 짖고 닭 우는 소리 사방에 들리누나.
犬吠鷄鳴之聲, 達于四境.

구양현은 깜짝 놀라 기이하게 여기며 다시 한 구절을 읊었다.

잔 들고 바다에 드니 바다 넓은 줄 알았구나.
持盃入海知多海.

1_ 짐승 발굽 새 발자국: 오랑캐라는 뜻.

이색은 다시 화답했다.

우물에 앉아 하늘 보며 하늘 좁다 하는구나.
坐井觀天曰小天.

구양현은 크게 경탄하여 항복의 의사를 표했다.
또 이색과 이름이 같은 사람이 있었는데 그것을 가지고 이런 조롱을 해 왔다.

인상여2_ 사마상여,3_   藺相如司馬相如,
이름은 같아도 성은 다르지.   名相如姓不相如.

이색이 즉시 응대했다.

위무기4_ 장손무기,5_   魏無忌長孫無忌,
옛사람도 무기요 지금 사람도 무기네.   古無忌今亦無忌.

그 사람은 일어나 이색에게 절하며 말했다.
"동방에는 진실로 재주 있는 문장가가 많습니다. 우리가 존경하지 않을 수 없군요."

2_ 인상여(藺相如): ?~?. 전국시대 조(趙)나라의 재상.
3_ 사마상여(司馬相如): BC 179~BC 117. 중국 전한(前漢) 시대의 문인. 부(賦)를 잘 지었다.
4_ 위무기(魏無忌): ?~BC 244. 전국시대 위나라의 정치가 신릉군(信陵君). 무기는 그의 이름.
5_ 장손무기(長孫無忌): ?~659. 당나라의 재상.

그리고 이때부터 이색을 대할 때는 스승의 예를 갖췄다고 한다.

  아아! 이색이 화답했던 시구들은 그 대구가 기묘할 뿐 아니라 이치까지 딱 맞으니 하늘의 조화로 지은 것 같다. 실로 그는 소동파 못지않은 사람이다.

이색이 지었다는 시구의 원문을 하나하나 뜯어보면 상대방이 읊은 시구에 글자마다 재치 있게 대구를 맞추고 있음을 알 수 있다. 이들 시구는 당시 이색의 이름에 가탁(假託)해 전해지던 희락시(喜樂詩)로 보인다.

우리 속담의 가치

속담의 유래는 아주 오래되었다.

증씨의 전[1]에는 "제 자식 허물 모르고, 자기 벼이삭 큰 것 모른다"는 말이 나오고, 태사공의 「소진전」[2]에는 "차라리 닭의 부리가 될지언정 쇠꼬리는 되지 마라"는 말이 나오며, 가의[3]의 「치안책」(治安策)에는 "쥐 잡으려고 하면서 그릇 깨지는 것 무서워한다"는 말이 나온다. 이런 말은 모두 옛날 속인(俗人)들이 쓰던 말에서 나온 것이다. 그러나 성현(聖賢)들이 그 말을 가져다 쓰고 웅변가들도 그것을 끌어다 이런저런 비유에 사용했으니, 비록 비루한 말일지라도 그 뜻과 표현이 참으로 적절히 들어맞기 때문이 아니겠는가?

우리 조선에도 어숙권[4]이 '가마 타고 채찍질', '짚신에 분칠하기', '거적문에 돌쩌귀', '사모에 갓끈', '초립에 물빨래', '중 재 올리는데 무당 춤추기' 등의 여섯 가지 속담을 소개하고 서로 어울리지 않는 것을 풍자하는 말이라 하였다. 또 '봄비 잦은 것', '돌담장 배부른 것', '사발 이 빠진 것', '늙은이 극성스러운 것', '어린애 입 잰 것', '스님 술 취한 것', '흙부처 내 건너는 것', '안주인 손 큰 것' 등 여덟 가지 속담은 백해무익함을 비유하는 말이

1_ 증씨(曾氏)의 전(傳): 『대학』(大學)을 가리킨다. 『대학』이 공자(孔子)의 말인 경 1장(經一章)과, 그에 대한 증자(曾子)의 해석인 전 10장(傳十章)으로 구성되어 있으므로 이렇게 말한 것이다.
2_ 「소진전」(蘇秦傳): 『사기』 열전 중 한 편.
3_ 가의(賈誼): 중국 전한 때의 학자이자 정치가.
4_ 어숙권(魚叔權): ?~?. 중종 때의 문인.

라 하였다.

이밖에도 항간에서 매일매일 쓰는 속담은 셀 수 없이 많아 아낙네는 물론 아이들까지도 자유자재로 사용한다. 그 말이 비록 비천하다 할지라도 상황에 적절한 표현이 많아 앞선 문인들은 상소문이나 편지글에 종종 속담을 사용하고는 했다. 가령 '죽은 정승보다 살아 있는 개가 낫다'는 말은 노수신[5]이 늙어 사직을 청하는 상소에 이용했고, '왼손바닥이 소리 나랴'는 말은 양경우[6]가 편지글에 이용했다. 또 '급히 먹는 밥이 목이 멘다'·'열 번 찍어 안 넘어가는 나무 없다'·'뛰는 놈 위에 나는 놈'이라는 말은 허균이 편지글에 써 그 문집에 실려 있으니, 대개 속담은 그 나라에 사는 사람이면 저절로 사용하게 되는 것이다. (…)

옛 선배들이 쓴 글 가운데 지금은 그 뜻을 알기 어려운 속담도 있으니, 이와 같은 것은 아마도 옛날에는 널리 사용되었지만 지금은 사라진 것들이 아닌가 싶다. 그러니 내가 여기 기록한 것도 후대인들은 더 이상 쓰지 않게 될지 어찌 알겠는가? 그리하여 지금 내가 옛 선배들의 글을 보며 이해하지 못하는 것처럼, 후대인들도 그러하지 않으리라는 법이 어디 있겠는가?

대개 '급히 먹는 밥이 목이 멘다', '고삐가 길면 밟힌다', '적게 먹고 가는 똥 눈다', '삼정승 사귀지 말고 내 한 몸을 조심히 라'와 같은 말들은 그 뜻이 깊어 속담이라고 해서 소홀히 할 수

5_ 노수신(盧守愼): 1515~1590. 명종·선조 때의 문인.
6_ 양경우(梁慶遇): 1568~1638. 선조·광해군 때의 문신.

없는 것들이다. 속담도 보는 사람들에게 깨닫게 하는 바가 있다면 그 유익함이 적지 않은 것이다.

옛 민중의 우리말은 참으로 풍성하고 아름다웠다. 음악적인데다 표현은 재치 있고 뜻은 지혜로웠다. 땅에 뿌리박고 자연 속에서 노동하며 사는 삶의 모습이 고스란히 들어 있었다. 우리는 언제부턴가 이런 말들을 모두 잊었다. 언제부턴가? 농촌을 떠나 획일적인 근대식 학교 교육을 받고부터다. 홍만종은 『순오지』에 140가지가 넘는 우리 속담을 채집해 한문으로 옮겨 놓았다. 우리말 그대로 채록하지 못한 것이 아쉬우나, 지배 계급에 속하면서 민중의 말에 관심을 기울인 것만도 큰 의의가 있다 하겠다. 지면 관계상 많은 양의 속담은 생략하였다.

우리가 처음 만든 글자

　신라 신문왕 때 설총[1]이 우리말을 가지고 이두를 만들어 관(官)에서 쓴 일이 있다. 본조(本朝) 세종 때는 정인지[2] 등이 임금의 명을 받들어 언문을 제작했는데, 문자로 나타내지 못하는 말도 다 통하여 막힘이 없었다. 이 두 가지 문자는 중국에 없는 것을 우리나라가 처음으로 만들어 낸 것이다. 말이 통하고 또 관청의 일을 기록하는 데 전혀 문제가 없지만, 아마 중국인이 봤다면 글 같지 않다고 기롱했을 것이다.
　우리말에 '제발'이란 것은 애걸하는 말이고, '양반'은 사대부를 가리키는 말이다. 내가 『사재집』[3]을 보니 연안에 사는 백성 이동(李同)의 일을 기록한 부분에 '영감! 제발 제게 벌을 주지 마십시오'라는 말이 있고, 또 『택당집』[4]에는 '우리나라 양반은 농사도 짓지 않고 일도 하지 않으며 평생 안일하게 지낸다'는 말이 있었다. 두 분은 모두 문장으로 유명한 분들인데도 이러한 천한 말을 썼으니, 한문공이 "비속한 말은 쓰지 말아야 한다"고 했던 것[5]과는 다른 것이다.
　우리말에 산골짜기를 '두마'(豆麻: '두메'를 말함)라 하는데

1_ 설총(薛聰): ?~?. 이두(吏讀)를 집대성한 신라의 학자.
2_ 정인지(鄭麟趾): 1396~1478. 세종 때의 학자. 집현전에서 학문 연구를 하며 『용비어천가』를 지었다.
3_ 『사재집』(思齋集): 중종 때의 문인 김정국(金正國, 1485~1541)의 문집. 사재는 그의 호.
4_ 『택당집』(澤堂集): 인조 때의 문인 이식(李植, 1584~1647)의 문집. 택당은 그의 호.
5_ 한문공이~했던 것: 한문공(韓文公)은 당송 팔대가의 한 사람인 한유(韓愈, 768~824). 문공(文公)은 시호이고, 자는 퇴지(退之)다. 한유는 「이익에게 보내는 답장」(答李翊書)에서 "진언, 즉 진부한 말은 버려야 한다"(陳言務去)는 주장을 했는데, 이는 한유 문장론의 핵심이다. '진부한 말'이란 옛사람들이 썼던 문장을 그대로 답습한 것을 말하는데, 홍만종은 그런 의미보다는 '비속하고 평범한 말'의 뜻으로 해석하여 위와 같이 말한 것이다.

왜 그렇게 부르는지 알 수가 없더니, 어떤 사람이 말하기를 산골짜기에서 두(豆: 콩)와 마(麻)가 나기 때문에 '두메'라 하는 것이라고 하니 그 말이 일리가 있다. 또 우리말에 수전(水田)을 '답'(畓)이라 하고, 한 섬이 못 되는 곡식을 '두'(㪷: 마투리)라 하고, 한 단이 못 되는 나무를 '거'(迲: 자래)라고 하는데, 이런 글자들은 중국에는 없는 것이지만 우리나라 관리들은 문서에 많이 쓰고 있으니 누가 만들어 낸 것인지 알 수 없다.

우리의 문자인 이두와 한글이 있다는 사실을 지적하고, 토착어와 우리식 한자를 소개하고 있다. 단편적이지만 홍만종의 우리말에 대한 관심을 잘 보여 주는 글이다.

우리나라의 신선들

『해동이적』

산신이 된 단군

동방에 임금이 생긴 것은 단군 때부터다. 『고기』[1]-에 다음과 같은 기록이 있다.

"옛날, 하늘의 신 환인(桓因)이 서자(庶子) 웅(雄)에게 명하였다.

'하늘의 신표 셋을 줄 터이니, 3천 명의 무리를 이끌고 태백산[2]- 꼭대기 신령한 박달나무 아래로 내려가 그곳을 신의 도시라 부르라.'

그이가 곧 환웅천왕이니, 환웅천왕은 바람신·구름신·비의 신을 지휘하고, 곡식·운명·질병·형벌 등 360여 가지 일을 관장했다.

곰 한 마리가 있었는데, 늘 신에게 사람이 되게 해 달라고 기도했다. 신은 신령한 약을 주었고, 신령한 약을 먹은 곰이 여자가 되니, 신이 짐짓 사람으로 변해 여자와 결혼하였다. 여자가 아들을 낳으니 그가 단군이요, 이름은 왕검이다. 사람들이 그를 임금으로 세우고 나라 이름을 조선이라 하였다. 때는 당요[3]- 25년 무진년(BC 2333)이었다.

단군은 처음 평양에 도읍하였다가 후에 배악[4]-으로 옮겼다. 주나라 무왕 원년 기묘년(BC 1122)에 기자가 조선의 임금으로

---

[1]_ 『고기』(古記): 지금은 전하지 않아 어떤 책인지 알 수 없다.
[2]_ 태백산(太白山): "영변의 묘향산이다"라는 원주가 달려 있다.
[3]_ 당요(唐堯): 요(堯)임금. 당(唐)이라는 지역에 봉해졌으므로 당요라고 한다.
[4]_ 백악(白岳): "문화의 구월산이다"라는 원주가 달려 있다.

봉해지자, 단군은 당장경5_으로 옮겨 갔다가 뒷날 아사달산6_으로 들어가 산신이 되었다. 1,508세를 살았다. 강화 마니산에 참성단이 있는데, 세상 사람들은 단군이 쌓아 하늘에 제사 지냈던 곳이라고들 한다."7_

『여지승람』8_에도 "주나라 무왕이 기자를 조선에 봉하니 단군은 당장경으로 옮겨 갔는데, 훗날 아사달산으로 들어가 신이 되었다"는 기록이 있다. 『동사보감』9_에는 "단군은 당요 25년 무진년에 즉위하여 상나라 무정왕 8년 갑자년(BC 1317)에 서거하였다"는 기록이 있다.

내가 『황극경세서』10_에 의거하여 추산해 보니 당요 무진년에서 상나라 무정왕 8년 갑자년까지는 1,007년이고, 주나라 무왕 원년 기묘년까지는 1,202년이었다. 그러니 어느 책의 말이 정확한지는 몰라도, 어쨌든 단군의 재위 기간이 천 년이 넘었다는 말이다.

천황씨는 일만 팔천 세를 살았고, 지황씨도 일만 팔천 세를 살았다고 한다.11_ 소강절12_의 『황극경세서』에는 1원이 12회고

5_ 당장경: "구월산 동쪽이다"라는 원주가 달려 있다.
6_ 아사달산: "역시 구월산이다"라는 원주가 달려 있다.
7_ 동방에~한다: 원주에 『동국사』「조선본기」를 출전으로 밝히고 있다. 이 책은 전하지 않는다.
8_ 『여지승람』: 성종 때 편찬된 지리서 『동국여지승람』(東國輿地勝覽)을 말한다.
9_ 『동사보감』(東史寶鑑): 지금은 전하지 않아 어떤 책인지 알 수 없다.
10_ 『황극경세서』(皇極經世書): 중국 송나라 학자 소옹(邵雍, 1011~1077)의 저술. '황극경세'란 '황제의 지극한 법으로 세상을 경영한다'는 뜻으로, 여기서 '황제'는 '세상을 주재하는 자'이며, '세상'은 '우주'다. 즉, 『황극경세서』는 우주 순환의 법칙을 밝힌 책이다.
11_ 천황씨는~살았다고 한다: 천황씨(天皇氏)와 지황씨(地皇氏)는 중국 고대 전설상의 임금이다. "천이 아니고 백이라야 맞다"는 원주가 달려 있다.
12_ 소강절(邵康節): 소옹을 가리킨다. 강절은 시호.

1회는 일만 팔백 년이라고 하였으니,[13] 역사를 지은 사람이 당요 이전의 메워지지 않는 수(數)를 삼황(三皇)에 배당하여 1원의 햇수를 충족시키려 한 것이다. 그러니 이른바 일만 팔천 세라는 것이 그들이 누린 나이를 말하는 것이 아님이 분명하다.

예부터 오래 살았다는 제왕들이 있다. 복희씨는 즉위 115년 만에 세상을 떠났고, 신농씨는 즉위 120년 만에 세상을 떠났다. 황제는 110년을 살았고, 소호는 100년을 살았으며, 제곡은 150년을 살았다.[14] 제요(帝堯: 요임금)는 110년을, 제순(帝舜: 순임금)과 우(禹)임금도 모두 100년을 살았고, 탕(湯)임금도 100년을 살았다. 주나라 목왕(穆王)은 재위 기간이 100년이었다. 그러나 천여 년을 살았다는 임금은 들어 보지 못했다.

광성자[15]는 1,200세를 살았고, 팽조[16]는 1,800세를 살았다. 그러나 이들은 자기 수양을 통해 수명을 늘린 보통 사람이었다. 유독 단군만이 임금이면서 1,508세를 누린 것이다. 또한 단군은 탄생과 죽음이 신령스럽고 기이하니 참으로 인간이라 하기도 어렵고, 또 인간이 아니라 하기도 어렵다. 그래서 나는 일찍이 단군은 복희씨와 비슷하고, 동명왕은 헌원씨[17]와 비슷하다고 생각했다.

13_ 1원이 12회고~하였으니: 『황극경세서』에서는 우주의 시간을 '원'(元), '회'(會), '운'(運), '세'(世)로 계산한다. 그에 따르면 우주의 1년은 12만 9,600년이고, 이것이 1원이다. 1원을 12로 나누면 1회(10,800년)가 되고, 1회는 우주의 1개월이다. 1회를 다시 30으로 나누면 1운(360년)이 되는데 이것이 우주의 하루이고, 1운을 다시 12로 나누면 1세(30년)가 되어 이것이 우주의 1시간이 된다. 인간의 한 세대인 30년은 우주의 1시간에 해당한다. 우주의 대주기는 1원이며, 1회에 한 번 소개벽이, 1원에 한 번 대개벽이 일어난다.

14_ 복희씨는~150년을 살았다: 복희씨(伏羲氏), 신농씨(神農氏), 황제(黃帝), 소호(少昊), 제곡(帝嚳)은 모두 중국 고대 전설상의 임금이다.

15_ 광성자(廣成子): 황제 때의 신선. 공동산 석실(石室)에 살았는데, 황제가 찾아가 도(道)의 요체를 물었다.

16_ 팽조(彭祖): 은나라 때의 도인. 양생술로 몸을 단련하여 늘 소년 같았다고 한다.

17_ 헌원씨(軒轅氏): 전설상의 임금인 황제의 다른 이름.

홍만종이 24세에 편찬한 『해동이적』(海東異蹟)의 첫 편이다. '해동'(海東)은 우리나라를 가리키고 '이적'(異蹟)은 '기이한 행적'이라는 뜻으로 이 책은 '우리나라 신선전'에 해당한다. 옛 문헌에서 선가(仙家)에 관한 자료를 찾아 시대순으로 뽑아 옮기되 자신의 편집 의도에 따라 내용을 적당히 산삭(刪削)했으며, 그 뒤에 내용 보충이나 고증을 위한 사료를 덧붙였다. 간혹 홍만종 자신의 견해를 보태기도 했다. 단군에 관한 사적을 첫머리에 둔 것은 우리나라에 처음부터 독자적으로 발생·전승되어 온 도가 전통이 있다는 의식에서 비롯한 것으로, 중국의 노자(老子)에서 비롯된 도통(道統)이 신라로 전승되었다는 당시의 일반적인 생각과는 달랐다.

알에서 나온 혁거세

혁거세는 신라의 시조다.

옛날 진한(辰韓) 땅에 여섯 마을이 있었는데, 임금은 없었다. 한나라 선제 지절[1] 원년 임자년(BC 69)에 여섯 마을의 촌장들이 알천(閼川)의 언덕 위에 모였다. 그때 고허(高墟) 촌장 소벌공이 멀리 양산 기슭을 바라보고 있자니, 나정(蘿井) 곁에 이상한 기운이 번뜩이는 것이 마치 번개가 땅에 드리운 것 같았다. 찾아가 살펴보니 자줏빛 알이 있었다. 알을 쪼개니 그 속에서 사내아이가 나왔는데 단아하고 아름다웠다. 동쪽 개울로 데려가 목욕을 시키니 온몸에서 빛이 났다. 새와 짐승들이 아이를 둘러싸며 춤을 추고, 해와 달은 맑게 빛났다. 여섯 마을 사람들이 신기하게 여겨 아이를 데려다 길렀다. 아이가 자라자 마침내 임금으로 세우고 혁거세 거서간[2] 이라 칭하였으며, 나라 이름은 서야벌[3] 이라고 하였다.

진한 사람들 말로 바가지를 '박'이라고 하는데, 혁거세가 나온 큰 알이 마치 박과 같이 생겼다 하여 박(朴)을 성씨로 삼았다.

혁거세는 뒷날 승천하였는데, 승천 후 7일이 지나자 오체(五體)가 흩어져 땅에 떨어졌다. 나라 사람들이 오체를 합해 장사

1_ 지절(地節): 한(漢)나라 선제(宣帝, 재위 BC 74~BC 49)의 연호. BC 69년에서 BC 66년 사이.
2_ 거서간(居西干): "거서간은 우리말로 존장을 지칭하는 말"이라는 원주가 달려 있다.
3_ 서야벌(徐耶伐): "뒷날 신라라고 칭하였다"는 원주가 달려 있다.

지내려 하자 큰 뱀이 쫓아다니며 방해했다. 그래서 각각 따로 장사 지내니, 그 무덤을 오릉(五陵)이라 부른다. 혁거세는 30세에 즉위하였고, 재위 기간은 61년이었다.[4]

『여지승람』에 다음과 같은 기록이 있다.

"서악 선도산[5]에 성모사(聖母祠)가 있다. 성모는 원래 중국 황실의 공주로, 이름은 사소였다. 일찍이 신선술을 익혀 해동에 왔는데 오래도록 돌아가지 않다가 마침내 신이 되니, 세상 사람들이 말하기를 혁거세는 성모가 낳았다고 한다. 중국인이 지은 찬[6]에 선도성모가 현자(賢者)를 잉태했고, 그가 나라를 세웠다는 말이 있다."

이인로[7]의 문집에는 다음과 같은 말이 있다.

"시중 김부식[8]이 송나라에 갔다가 우신관(佑神館)을 방문했는데, 그중 한 사당에 여신상이 있는 것이 보였다. 관반[9] 왕보가 말했다.

'이 여신은 귀국(貴國)의 신인데, 공(公)들께서는 아십니까?'

왕보가 들려준 이야기는 이랬다. 옛날 황실의 공주가 남편도

4_ 혁거세는~61년이었다: 원주에 『동국사』, 「신라본기」를 출전으로 밝히고 있다. 동국사는 미상(未詳).
5_ 선도산(仙桃山): 경상북도 경주시 서악동에 있다.
6_ 찬(讚): 어떤 인물을 기리고 칭송하는 글.
7_ 이인로(李仁老): 1152~1220. 고려 중기 무신집권기의 문인으로, 시화집(詩話集)의 전범이 된 『파한집』(破閑集)을 저술했다.
8_ 시중 김부식(金富軾): 1075~1151. 시중(侍中)은 고려 시대 문하성(門下省)의 종1품 관직으로, 나라의 모든 일을 총괄하는 대신을 말한다. 김부식은 고려 중기의 유학자이자 정치가로, 『삼국사기』를 지었다.
9_ 관반(館伴): 외국 사신을 접대하는 임무를 맡은 벼슬 이름.
10_ 계림부(鷄林府): 경주의 옛 이름.

없이 아이를 가져 사람들의 의심을 받았다고 한다. 결국 공주는 바다를 떠돌다 진한까지 갔고, 그곳에서 아들을 낳았는데, 그 아이가 해동의 첫 왕이 되었다는 것이다. 뒷날 왕은 하늘의 신선이 되었고, 공주는 땅의 신선이 되어 선도산에 오래오래 머물고 있다 하니 이 여신상이 그녀라는 것이었다."

옛 조선의 유민(遺民)이 산골짝에 드문드문 여섯 마을을 이루었는데, 이것이 진한의 여섯 마을이다. 첫째는 알천의 양산마을, 둘째는 돌산의 고허마을, 셋째는 무산의 대수마을, 넷째는 자산의 진지마을, 다섯째는 금산의 가리마을, 여섯째는 명활산의 고야마을이 그것이다. 나정은 계림부[10] 남쪽에 있다.

신라 건국 신화다. 혁거세 난생(卵生) 설화를 소개한 뒤 선도성모에 관한 기록을 덧붙였다. 사대적 성향이 강했던 김부식이 선도성모를 언급한 것은 중국 황실과의 연관성을 강조하려는 의도 때문이었다고 할 수 있다. 반면 홍만종은 신선이 된 선도성모의 도가적 면모에 주목하고 있다.

천제의 아들 주몽

동명왕의 이름은 주몽이다.

동부여(東夫餘) 왕 금와가 우발수[1]에서 한 여자를 만났다. 왕이 누구냐고 물었다.

"저는 하백(河伯)의 딸 유화(柳花)입니다. 동생들과 유람을 나갔다가 한 남자를 만났는데, 자신이 천제(天帝)의 아들 해모수라 했습니다. 그는 웅심산(熊心山) 밑 압록강 가에 있는 어떤 집으로 저를 이끌었고, 저희는 그곳에서 결국 정(情)을 통하였습니다. 부모님께선 중매도 없이 남자를 따라간 데 대한 책임을 물으시어 저를 이곳으로 귀양 보내셨습니다."

금와는 유화를 이상한 여인이라 생각하여 방 안에 가두었다. 그러자 햇빛이 방 안의 유화를 비추었는데, 유화가 몸을 피해도 햇빛은 쫓아다니며 유화를 비추었다. 결국 유화는 잉태하였고, 얼마 뒤 커다란 알 하나를 낳았다. 금와는 알을 버리기로 하고 개와 돼지에게 던져 주었지만 개와 돼지는 먹을 생각을 하지 않았다. 길에 내다 버리니 소와 말이 피해 갔고, 들판에 버리니 새들이 날개로 감쌌다. 금와는 알을 쪼개 보려 했지만 쪼개지지도 않았다. 결국 금와는 알을 유화에게 돌려주었다.

1_ 우발수(優渤水): 평안북도 영변에 있는 강.

유화는 알을 잘 싸 따뜻한 곳에 놓아두었다. 이윽고 알껍데기를 깨고 한 아이가 태어나니, 골격과 용모가 빼어나면서 기이하였다. 나이 겨우 일곱에 스스로 활과 화살을 만들어 쏘니 백발백중이었다. 부여 말로 활 잘 쏘는 것을 '주몽'이라 하는데, 이를 이름으로 삼았다.

금와의 일곱 아들이 주몽의 능력을 시기해 죽이려 하자 주몽은 도망쳤다. 엄호수2에 이르러 강을 건너야 했으나 다리가 없었다. 주몽은 하늘에 기도했다.

"저는 천제의 손자요, 하백의 외손입니다. 위험을 피해 이곳까지 왔습니다만, 추격병이 금방이라도 닥칠 듯합니다. 어찌하면 좋겠습니까?"

그때였다. 물고기와 자라들이 나타나 다리를 만드니 주몽은 그 다리를 밟고 마침내 물을 건넜다. 주몽은 졸본 부여에 다다라 비류수(沸流水) 가에 도읍을 정했다. 나라 이름을 '고구려'라 하고 '고'(高)를 성씨로 삼으니,3 때는 한나라 원제 건소4 2년 갑신년(BC 37)이었다.

동명왕은 일찍이 동굴 속에 기린마를 길렀는데, 재위 19년 가을 9월의 어느 날 기린마를 타고 나와서는 바위 위에서 하늘로 올라간 뒤 돌아오지 않으니 향년 119세였다. 태자는 동명왕이 남긴 옥구슬 채찍을 가지고 용산5에서 장사 지냈다. 지금도 바

2_ 엄호수(淹㴲水): 평안북도 영변에 있는 강.
3_ '고'(高)를 성씨로 삼으니: "주몽의 성씨는 본래 '해'이지만, 자신이 천제의 자손이며 햇빛으로 인해 태어났으므로 성을 높다는 뜻의 '고'로 고친 것이다"라는 원주가 달려 있다.
4_ 건소(建昭): 한(漢)나라 원제(元帝, 재위 BC 48~BC 33)의 연호. BC 38년에서 BC 33년 사이.
5_ 용산(龍山): 지금의 평안남도 중화 지역.

위 위에는 기린마의 발자국이 남아 있으니, 조천석(朝天石)이 바로 그것이다.6_

『여지승람』에 다음과 같은 기록이 있다.
"동명왕이 처음 비류수에 이르러 그곳의 왕 송양을 만났다. 송양이 말했다.
'이곳은 땅이 협소하여 두 임금이 있을 수 없다. 그대가 내 밑으로 들어오겠는가?'
동명왕이 말했다.
'과인은 하늘의 후예다. 지금 그대는 신의 자손도 아니면서 억지로 왕이라는 이름을 쓰고 있으니, 만일 나를 따르지 않으면 하늘이 반드시 그대를 죽일 것이다.'
동명왕은 사냥을 나갔다가 흰 사슴을 잡아 거꾸로 매달아 놓고는 주문을 외웠다.
'하늘이 비를 내려 비류의 왕도(王都)를 잠기게 하지 않으면 나는 너를 절대 놓아주지 않을 것이다.'
매달린 사슴이 애처로이 우니 그 소리가 하늘을 찔렀고, 장맛비가 연이어 7일간이나 내렸다. 결국 송양의 왕도가 물에 잠겨버렸다.
동명왕 재위 3년 7월에 검은 구름이 골령(鶻嶺)을 덮어 사람

6_ 동명왕의~그것이다: 원주에 『동국사』「고구려본기」를 출전으로 밝히고 있다. 『동국사』는 미상(未詳).

들이 그 산을 볼 수가 없었다. 다만 수천 명이 토목 공사하는 것 같은 소리만이 들려왔다. 왕이 말했다.

'하늘이 나를 위해 성을 쌓는 것이다.'

7일 만에 검은 구름이 걷히자, 어느새 성곽과 궁궐이 완성되어 있었다." (…)

동명왕의 궁은 구제궁(九梯宮)으로 옛날 평양부 북쪽 영명사(永明寺) 안에 있었다. 기린굴은 구제궁 안에 있었고, 조천석은 기린굴 남쪽에 있다.

고구려를 세운 동명왕 주몽의 이야기다. 신라 건국 신화와 비교하면 그 규모가 크고 웅장하다.

삼일포의 네 신선

신라 때의 네 신선, 술랑·남랑·영랑·안상은 모두 영남 사람이다. 혹은 영동 사람이라고도 한다.

고성을 유람하던 네 사람이 사흘이나 머물고 떠나지 못했다 하여 그곳의 지명을 삼일포라 하였다.[1] 삼일포 남쪽에 작은 봉우리가 있는데, 봉우리 위에는 돌로 만든 감실[2]이 있다. 봉우리 북쪽 산비탈 바위 표면에는 붉은 글씨로 '永郎徒南石行'(영랑도남석행)[3]이라는 여섯 글자가 씌어 있다. '남석행'은 남랑이 아닌가 싶다. 삼일포에 있는 작은 섬에는 원래 정자가 없었는데, 존무사[4] 박 공(朴公)이 섬 위에 정자를 지었다. 이것이 바로 사선정(四仙亭)이다. 또 군(郡) 남쪽으로 10리쯤 되는 곳에 단혈(丹穴: 붉은색 굴)이 있다.

통천(通川)에는 사선봉(四仙峯)이 있는데, 모두 네 신선이 노닐던 곳이다. 간성(杆城)에도 선유담(仙遊潭)과 영랑호가 있고, 금강산에는 영랑봉이 있다. 일찍이 영랑의 무리가 노닐었다 하여 그런 이름이 붙었다.

장연(長淵)에는 아랑포가 있고, 강릉에는 한송정(寒松亭)이 있는데, 정자 옆에 찻물을 뜨는 샘과 돌아궁이, 돌절구 등이 있

1_ 고성을~하였다: 고성(高城)은 금강산 동쪽이다. 삼일포(三日浦)는 바다가 막혀 호수가 된 석호(潟湖)로, 예부터 아름답기로 유명하다. 그 경치가 너무 좋아 하루만 머물다 가려던 네 사람이 사흘이나 떠나지 못했다는 말이다.
2_ 감실(龕室): 작은 불상이나 신주를 모시는 공간.
3_ 永郎徒南石行(영랑도남석행): '영랑의 무리 남석행'이라는 뜻인지, '영랑의 무리 남석이 가다'라는 뜻인지 미상(未詳).
4_ 존무사(存撫使): 고려 후기 강릉도와 평양도에 파견되었던 지방관.

다. 이곳 또한 네 신선이 노닐던 곳이다.[5]

이인로의 시에 다음과 같은 것이 있다.

신라의 네 신선
대낮에 승천했다지.
천 년 자취 따라가니
삼신산 약초는 여전하구나.

이의건[6]의 문집에는 다음과 같은 기록이 있다.
"전에 율곡[7]이 말하길 '경포에 살던 사람이 그러는데, 달밤이면 생황 소리가 구름 사이로 들린다더군' 했으니, 이상한 일이다."
그 문집에 다음과 같은 시가 있다.

바다 위 둥실 뜬 산 신선의 자취
버섯 바퀴 달린 깃털 수레 타고 하늘 올랐지.
지금도 호수 위 밝은 달 뜨면
흰 구름 사이로 피리 소리 들려온다지.

---

[5] 신라 때의 네 신선~노닐던 곳이다: 원주에 『국조여지승람』(國朝輿地勝覽)을 출전으로 밝히고 있다.
[6] 이의건(李義健): 1533~1621. 명종 때의 문신.
[7] 율곡(栗谷): 이이(李珥, 1536~1584)의 호.

술랑·남랑·영랑·안상은 화랑이다. 화랑은 국선(國仙) 혹은 풍류도(風流徒)로 불리기도 하는데, '풍류'(風流)란 우리 고유의 도(道)를 일컫는 말로 신선도(神仙道)와도 무관하지 않다. 화랑의 젊은이들은 함께 아름다운 경치를 찾아다니며 춤과 음악을 즐기고 무예를 익히며 심신을 단련한바, 그들에게는 무엇보다 우정이 중요했다. 고성의 삼일포와 통천, 간성 등지는 모두 금강산 일대다.

학을 춤추게 한 옥보고

옥보고는 신라 사찬[1] 공영의 아들로, 경덕왕(재위 742~765) 때 사람이다. 지리산 운상원(雲上院)에 들어가 거문고를 배운 지 50년 만에 직접 새로운 가락 30곡을 지었다. 옥보고가 새로 지은 가락을 연주하니 현학(玄鶴)이 날아와 춤을 추었다. 그래서 거문고를 현학금(玄鶴琴) 또는 현금(玄琴)이라 부르기도 한다.

세상 사람들은 옥보고가 신선의 도를 터득했다고 한다. 또 금오산[2] 정상에 금송정(琴松亭)이 있는데, 바로 옥보고가 노닐던 곳이라고도 한다.[3]

최자[4]의 문집에 다음과 같은 말이 있다.

"동도(東都)는 본래 신라다. 옛날에 옥부 선인(玉府仙人)이 있어 수백 곡의 가락을 처음 작곡하였다. 우리 고려의 복야[5] 민가거[6]가 그 솜씨를 전수하였다. 하루는 민가거가 홀로 앉아 거문고를 타는데, 학 두 마리가 날아와 빙빙 맴을 돌았다. 그래서 별조(別調)를 지었다. 별조는 다음과 같다.

1_ 사찬(沙粲): 이벌찬 이하 조위까지의 신라 17관등 중 여덟 번째 벼슬.
2_ 금오산(金烏山): 경상북도 경주 남산의 한 봉우리.
3_ 옥보고는~곳이라고도 한다: 원주에 『국조여지승람』을 출전으로 밝히고 있다.
4_ 최자(崔滋): 1188~1260. 고려의 문신. 『보한집』(補閑集)을 지었다.
5_ 복야(僕射): 고려 시대의 정2품 벼슬. 좌복야, 우복야가 있었다.
6_ 민가거(閔可擧): 고려 전기의 문신.

월성(月城)엔 아득한 신선의 자취
옥부의 음악 소리도 희미해졌네.
학아 어찌 이리 늦었느냐
나도 너 따라 돌아갈란다."

내 생각에 옥부 선인이란 사람은 바로 옥보고가 아닌가 한다.

고고하고 기품 있는 자태를 지닌 학은 예부터 신선을 상징하는 새였다. 진(晉)나라의 최표(崔豹)가 지은 『고금주』(古今注)를 보면 "학은 천 년을 살면 푸른색으로 변하고, 또다시 천 년을 살면 검은색으로 변한다"는 말이 나오니, 현학이란 검은색의 늙은 학을 말한다.

대세와 구칠

신라 사람 대세(大世)는 속세를 벗어나고자 하는 뜻이 있었다. 진평왕 9년(587), 대세는 승려 담수(淡水)에게 이렇게 말하였다.

"이런 신라 산골짝에서 일생을 마친다면 연못 속 물고기나 조롱에 갇힌 새와 다를 게 뭐 있겠나? 나는 뗏목을 타고 바다 건너 오월(吳越) 땅으로 가겠네. 그곳에서 스승을 찾아 신선이 되는 방법을 배우려 하네. 보통 사람이라도 신선이 되는 방법을 배울 수만 있다면, 표연히 바람을 타고 텅 빈 공간을 거침없이 날아다닐 수 있을 것이네. 그것은 천하에 둘도 없는 기이한 즐거움이요, 장대한 광경일 것이네. 나와 함께 가지 않겠나?"

그러나 담수는 대답이 없었다.

대세가 담수와 헤어지고 떠나올 때 마침 구칠(仇柒)이란 자를 만났는데, 그는 지조가 특별히 꿋꿋한 사람이었다. 대세는 구칠과 함께 남산사[1]로 가게 되었는데, 홀연 비바람이 몰아쳐 나뭇잎이 뜰의 물웅덩이에 떨어져 둥둥 떴다. 대세가 말했다.

"나는 그대와 더불어 서쪽으로 가고 싶네. 각자 나뭇잎 하나로 배를 만들어 누가 먼저 가는지 보지 않겠나?"

1_ 남산사(南山寺): 경상북도 경주에 있는 절.
2_ 신라 사람~알 수 없다: 원주에 『국조여지승람』을 출전으로 밝히고 있다.

잠시 뒤 대세의 낙엽이 앞서 가자, 대세는 웃으며 말했다.

"나 먼저 가네!"

구칠이 발끈하여 말했다.

"나 또한 사내장부인데, 못 갈 이유가 뭔가?"

결국 두 사람은 친구가 되었다. 남해에서 배를 타고 떠났는데 어디로 갔는지는 알 수 없다.[2]

대세와 구칠은 모두 속세를 떠난 선비로, 함께 신선술을 배울 뜻을 품고 배를 타고 바다로 나갔으나 간 곳을 모르니 그 또한 이상하다.

나뭇잎을 타고 바람을 가르며 날아가는 두 신선의 모습이 장쾌하다.

담시 선인

　담시 선인은 칠점산[1]에 살았다. 가락국[2]의 거등왕이 사신을 보내 초대하면, 선인은 거문고를 안고서 배를 타고 가락국으로 왔다. 그리고 왕과 초현대[3]에서 노니니 커다란 기쁨이었다.
　그때 왕이 앉았던 연화석(蓮花石)과 돌바둑판이 지금도 남아 있다. 초현대는 마을 동쪽 7리쯤 되는 곳에 있다.[4]

　거등왕은 수로왕[5]의 아들로 성은 김(金)이며, 55년간 나라를 다스렸으니, 조비[6]가 세운 위나라 때였다.

1_ 칠점산(七點山): 부산시 대저동에 있는 산. 7개의 작은 산이 흡사 점을 찍어 놓은 것 같다 하여 붙여진 이름이다.
2_ 가락국(駕洛國): 경상남도 김해에 섰던 왕조.
3_ 초현대(招賢臺): '현인을 초대하여 노닌 대'라는 뜻. 칠점산 서북쪽에 있는 바위산으로, 현재 경상남도 김해시 안동에 속해 있다.
4_ 담시(曇始) 선인(仙人)은~곳에 있다: 원주에 『국조여지승람』을 출전으로 밝히고 있다.
5_ 수로왕(首露王): 가락국, 즉 금관가야의 제1대 왕으로 김해 김씨의 시조다.
6_ 조비(曹丕): 중국 위나라 제1대 황제. 조조의 아들.

칠점산에서 배를 타고 김해 땅으로 가려면 낙동강을 거슬러 올라야 한다. 김해에 가면 아직도 초현대가 남아 있지만, 근대식 주택과 공장에 둘러싸인 채 '관광지'가 되어 버린 곳에서 그 옛날의 신비로움을 찾아보기란 어려운 일이다. 선인이 살았다는 칠점산도 일제 강점기와 한국 전쟁을 거치면서 하나씩 깎여 나가 지금은 그 자취가 거의 사라졌다.

욱일승천한 김가기

　　김가기는 신라 사람으로 빈공과 진사[1]였다. 성품이 조용하고 도(道)를 좋아하여 화려하고 사치스러운 것에 아무 관심이 없었다. 단전 호흡으로 몸을 단련하는 일을 좋아했고, 박학하고 기억력이 뛰어났으며, 글을 잘 지었다. 용모는 준수했고, 말과 행동에는 멀리 중화 문명인의 풍모가 있었다. 종남산[2] 자오곡에서 띠[3]로 엮은 집에 살다가 갑자기 급제했다.

　　은자(隱者)의 뜻을 품고 손수 기이한 꽃과 과일나무를 가꿨으며, 늘 향을 피우고 고요히 앉아 깊은 생각에 잠기거나 『도덕경』과 여러 신선경(神仙經) 외기를 그치지 않았다. 그렇게 3년이 지난 뒤 배를 타고 귀국했다가 다시 종남산으로 되돌아갔다. 음덕(陰德)을 베푸는 데 힘쓰니, 남이 원하는 것이 있으면 거절하지 않고 선뜻 들어주었고, 치밀하면서 부지런히 일을 처리해 사람들이 따라갈 수 없었다.

　　당나라 대중[4] 11년(857) 2월, 김가기는 문득 황제에게 상소를 올렸다.

　　"신은 옥황상제의 조서[5]를 받들어 영문대(英文臺) 시랑(侍郞)을 맡기 위해 내년 2월 25일 하늘로 올라가야 하옵니다."

1_ 빈공과 진사: 빈공과(賓貢科)는 당나라 때 외국인에게 보게 하던 과거 제도. 그중 최종 시험에 합격한 자를 진사(進士)라 한다.
2_ 종남산(終南山): 중국 섬서성(陝西省) 서안시(西安市) 남쪽에 위치한 산.
3_ 띠: 볏과의 여러해살이풀. 어린 꽃이삭은 삘기라 부르며 식용한다.
4_ 대중(大中): 당나라 선종(宣宗, 재위 847~860) 때의 연호.
5_ 조서(詔書): 상제나 천자의 명령을 담은 글.

선종은 매우 이상하게 생각되어 비밀리에 중사[6]를 파견해 김가기를 궁으로 불렀다. 그러나 김가기는 한사코 사양하며 응하지 않았다. 옥황상제의 조서를 보자고 해도, 이는 신선이 관장하는 것으로 인간 세상에는 없다고 하였다. 선종은 궁녀 네 명과 향과 약, 금과 비단을 하사하고, 중사 두 명을 보내 시중들게 하였다.

　김가기는 늘 고요한 방에 홀로 있어 궁녀와 중사가 가까이 갈 일이 적었다. 매일 밤 방 안에서는 손님과 담소하는 소리가 들려왔는데, 중사가 몰래 엿보니 다만 어떤 선관(仙官)과 선녀가 각기 용과 봉황을 타고 앉아 점잖게 이야기를 나누는 모습이 보일 뿐이었다. 그것을 본 궁녀와 중사는 감히 소리조차 내지 못했다.

　2월 25일, 봄 경치 곱디곱고 꽃송이 흐드러졌는데, 과연 오색구름 피어나고 학이 울고 난새[7]가 날며 피리 소리 종소리가 사방에 울리는 가운데 깃털 덮개에 옥 바퀴를 단 수레가 온갖 깃발을 앞세우고 하늘을 가득 메웠다. 신선 김가기는 수많은 무리의 호위를 받으며 승천했다.

　조정의 백관뿐 아니라 선비와 서민 할 것 없이 수많은 구경꾼이 산골짝을 가득 메운 채 예를 갖추고 우러러보며 경탄하고 신기해 마지않았다.[8]

6_ 중사(中使): 왕명을 전하는 내시.
7_ 난새(鸞鳥): 중국 전설에 나오는 상상의 새.
8_ 김가기(金可記)는 신라 사람으로~신기해 마지않았다: 원주에 출전을 중국의 『열선전』(列仙傳)으로 밝히고 있다. 『열선전』은 남당(南唐)의 심분(沈汾)이 편찬한 『속선전』(續仙傳)을 말한다.
9_ 『사림광기』(事林廣記): 송나라 진원정(陳元靚)이 편찬한 책.

(…) 중국의 『사림광기』9 에 따르면, 천하의 도사(道士)들이 김가기가 승천한 날 하늘에 제사를 지내고 복을 빈다고 한다. 그래서 세상 사람들은 부녀와 어린아이일지라도 김가기가 진짜 신선임을 모르는 사람이 없다. 그런데도 우리나라는 옛 서적을 좋아하지 않아 전하는 것이 없어 도무지 김가기의 이름자조차 알지 못하고, 중국인들이 물어 와도 끝내 대답할 수 없으니 부끄럽지 아니한가?

김가기는 중국 도교사에서 상당히 중요한 위치를 차지하는 인물이다. 군자는 골짝에 핀 난꽃과 같아 움직이지 않아도 그 향이 바람을 타고 멀리까지 날아간다고 했던가. 김가기에게서는 그 어떤 경우에도 동요하지 않는 고요한 내면을 지닌 은자의 풍모가 느껴진다. 1987년 종남산에서는 그에 관한 기록이 새겨진 거대한 바위가 발견되기도 했다. 욱일승천(旭日昇天)이란 밝은 아침에 떠오르는 해처럼 하늘로 오르는 것을 말한다.

간곳없이 사라진 최치원

최치원의 자는 고운(孤雲)으로, 신라 사람이다. 열두 살에 배를 타고 당나라에 들어가, 열여덟 살에 진사에 급제했다.

황소가 반란을 일으켰을 때[1] 병마도통사 고변(高駢)이 최치원을 불러 종사관 자리를 맡기니, 한동안 모든 격문[2]과 장첩[3]이 공(公)의 손에서 나왔다.

스물여덟 살에 황제의 조서를 받들고 우리나라로 돌아와서는[4] 그대로 머물러 시독·한림학사·병부시랑·서서감사[5]를 역임했다. 그 뒤 조정에서 물러나 태산 및 부성의 태수를 지냈다.[6] 서쪽의 큰 나라 당으로 유학 갔다가 고국으로 돌아왔으나, 어지러운 세상에 때를 만나지 못함을 상심하였다. 하릴없이 산수 간을 방랑하다가 가족을 이끌고 가야산으로 들어갔다.[7]

하루는 일찌감치 집을 나서 숲 속에 갓과 신발을 남겨 둔 채 간곳없이 사라졌으니, 신선이 되어 날아간 것이다. 절의 승려들은 이날을 공의 기일로 여겨 제사 지낸다.

공은 구름 같은 수염에 옥 같은 뺨을 지녔는데, 늘 흰 구름이

1_ 황소가 반란을 일으켰을 때: 황소(黃巢)의 난(875~884)을 말한다. 당나라 말기에 일어난 농민 봉기로, 당나라 멸망의 계기가 되었다.
2_ 격문(檄文): 전시(戰時)에 아군의 의분을 고취하거나, 적군을 꾸짖고 달래는 글.
3_ 장첩(狀牒): 공문서 및 소송에 관련된 글.
4_ 스물여덟 살에~돌아와서는: 최치원이 신라로 귀국할 뜻을 밝히자, 당나라 희종은 조서를 내려 허락하고 최치원에게 사신(使臣)의 임무를 주었다.
5_ 시독·한림학사·병부시랑·서서감사: 시독(侍讀)은 왕이나 왕세자에게 경전을 가르치던 벼슬이고, 한림학사(翰林學士)는 임금의 조서를 기초하거나 왕명에 따라 글을 짓던 벼슬이며, 병부시랑(兵部侍郎)은 무반 인사나 군사 업무를 담당하던 벼슬이고, 서서감사(瑞書監事)는 임금의 자문을 맡아보던 벼슬이다.

공의 머리 위에서 그늘을 드리우고 있었다. 그 모습을 그린 그림이 지금도 독서당에 남아 있다. 독서당에서 마을 입구 무릉루(武陵樓)까지는 약 10리쯤 된다. 무릉루 주변은 붉은 절벽 푸른 산마루에 소나무와 회나무가 우거졌는데, 바람과 물이 세차게 부딪쳐 절로 땅땅 종소리와 경쇠 소리가 울린다. 공은 이곳에서 시 한 수를 지어 시냇가 바위에 새겨 놓았다.8_

바위 사이로 우르르 콸콸 온 산을 포효하니
지척의 사람 말도 못 알아듣겠네.
이러쿵저러쿵 시비 따지는 소리 들릴까 봐서
일부러 물소리로 산을 둘렀네.

지금까지 사람들은 그 바위를 가리켜 '최 공이 시를 쓴 돌'이라고 말한다.9_

(…) 임억령10_이 '쌍계사'를 읊은 시가 있는데, 다음과 같다.

최치원은 신선이라

6_ 태산~지냈다: 태산(泰山)은 지금의 전라북도 정읍시 내인읍이고, 부성(富城)은 충청남도 서산시다.
7_ 최치원(崔致遠, 857~?)의 자(字)는~가야산으로 들어갔다: 원주에 출전을 『명신록』(名臣錄)으로 밝히고 있다. 『명신록』은 조선 초기에서 17세기 중반까지의 명신 407명의 약전(略傳)을 기록한 책이다.
8_ 이곳에서~새겨 놓았다: 「가야산 독서당에 부침」(題伽倻山讀書堂)이라는 시로, 현재 해인사 인근 홍류동 계곡의 바위에 새겨져 있다.
9_ 하루는 일찌감치~말한다: 원주에 출전을 『미수집』(眉叟集)으로 밝히고 있다. 『미수집』은 이인로의 문집.
10_ 임억령(林億齡): 1496~1568. 중종·명종 때의 문신.

표연히 세상을 떠났네.
작은 비석은 있으나
어디에도 무덤은 없네.
혼탁한 세상에 잠시 왔으나
홀로 푸른 하늘의 학 같았지.
높은 산 어찌 우러러보리
여기 맑은 향에 고개 숙일 뿐.

지리산 쌍계사에도 고운이 책을 읽던 곳이 있다.

최치원은 우리나라 한문학의 조종(祖宗)으로 불린다. 일찍이 「토황소격문」(討黃巢檄文)으로 당나라에서 문명(文名)을 떨쳤으며, 신라 귀국 후에는 진성 여왕에게 정치 혁신을 위한 '시무십여조'(時務十餘條)를 건의했다. 그러나 진골들의 방해로 시무책(時務策)은 실현되지 못했고, 최치원은 스스로 벼슬에서 물러나 전국을 방랑하다 가야산 해인사에서 생을 마쳤다.

별의 화신, 강감찬

평장사[1] 강감찬은 고려 현종 때 사람이다. 성품이 청렴하여 먹고사는 일에 별 관심이 없었으며, 지략이 특히 빼어났다.

그가 한양부 판관(判官)이 되었을 때의 일이다. 당시 한양에는 대낮에 호랑이가 길까지 내려와 사람을 해치는 호환(虎患)이 끊이질 않았다. 유수(留守)가 몹시 근심하자, 강감찬이 유수에게 말했다.

"이는 아주 쉬운 일입니다. 당장 호환을 없앨 수 있습니다."

"어떻게요?"

"보고만 계십시오."

그러고는 편지 한 장을 써서 아전에게 주며 말하였다.

"북문(北門) 밖으로 나가 어디어디 산골짝에 이르면 틀림없이 승려 둘이 있을 것이니, 이 편지를 가져다주어라."

아전이 그 말을 따라 가니 정말 승려 두 명이 있었다. 편지를 보여 주니 승려들은 즉시 아전을 따라와 뜰아래 엎드려 머리를 조아렸다. 강감찬이 말했다.

"너희들은 어찌하여 살던 곳을 떠나 감히 이곳까지 내려와 그처럼 사람을 해치고 다니는 것이냐? 속히 무리를 이끌고 멀리

---

[1] 평장사(平章事): 고려 시대 최고 중앙 의정 기관인 내사문하성의 정2품 관직. 조칙, 왕명 하달, 중신(重臣) 건의와 같은 일에 관여하여 그 권한이 매우 컸다.

떠나라. 조금이라도 지체하면 큰 벌을 내릴 것이다."

두 승려가 머리를 조아리고 대답했다.

"분부대로 따르겠습니다."

유수가 웃으며 말했다.

"판관이 망령기가 있나 보구려. 중더러 호랑이라고 하다니요."

강감찬이 두 승려를 가리키며 말했다.

"너희들은 잠시 본모습을 드러내 보이도록 하라."

두 승려가 가사를 벗자, 순간 두 마리의 거대한 호랑이로 변하더니만 계단 위를 훌쩍 뛰어올라 난간을 부여잡고는 으르릉 어훙 크게 한 번 포효하니, 그 소리가 마치 우레와 같았다.

아전들은 후다닥 흩어져 달아나고, 유수는 놀라 그만 기절해 버렸다. 강감찬이 말했다.

"이제 빨리 떠나라."

호랑이들은 뛰어나가 어디로 갔는지 사라졌다. 그 뒤로 호환도 완전히 사라졌다.

강감찬이 태어나던 날, 어떤 사신(使臣)이 밤에 시흥군2_으로 들어가다가 큰 별이 마을 쪽으로 떨어지는 것을 보았다. 사령을 보내 살펴보게 하니, 별이 떨어진 집의 아낙이 마침 사내아이를 낳았다고 했다. 사신은 이상히 생각하고 아이를 데려다 길렀

2_ 시흥군(始興郡): 지금의 서울시 금천(衿川).
3_ 문곡성(文曲星): 운명을 점치는 아홉 개의 별인 구성(九星) 중 네 번째 별.
4_ 70세에~하사 받았다: 궤장연(几杖宴)을 말한다. 궤장연은 왕이 70세 이상 된 노신(老臣)에게 안석과 지팡이를 하사하면서 베풀어 주는 연회.
5_ 평장사 강감찬(姜邯贊, 948~1031)은~올라갔다고들 한다: 원주에 출전을 『동국사』「본전」(本傳)으로 밝히고 있다.

는데, 그 아이가 커서 결국 재상이 되었다.

　송나라 사신이 왔다가 재상을 뵙고는 저도 모르게 절을 하며 말하였다.

　"문곡성3_이 오랫동안 뵈지 않더니, 바로 여기 와 계셨군요."

　강감찬은 70세에 왕께 안석과 지팡이를 하사 받았다.4_ 그 뒤 성남(城南)의 별장으로 돌아가 살다가 84세에 세상을 떴다. 시호(諡號)는 인헌(仁憲)이었다. 세상 사람들은 강 공이 신선이 되어 올라갔다고들 한다.5_ (…)

고려 명장 강감찬은 3차 고려·거란 전쟁 시 흙을 채운 소가죽 부대로 강줄기를 막았다 트는 지략을 써 거란의 10만 대군을 물리쳤다. 그리고 쫓겨 가는 거란군을 다시 크게 격파했으니, 유명한 흥화진 전투와 귀주 대첩이 그것이다. 지금의 서울시 관악구에 있는 '낙성대'(落星坮)가 바로 강감찬 장군이 태어난 곳으로, '별이 떨어진 곳'이라는 뜻이다.

오백 년을 산 권 도사

치상1_ 권 진인2_은 도인(道人) 남궁두(南宮斗)의 스승이다. 남궁두는 가정3_ 을묘년(1555) 사마시4_에 합격하였다. 임피5_에 살 때 사랑하는 첩이 있었는데, 그의 당질(堂姪: 종형제의 아들)이 몰래 그녀와 정을 통했다. 남궁두는 두 사람을 다 죽여 버린 뒤 죄를 피하기 위해 삭발하고 중이 되었다. 법명을 총지(摠持)라 하고는 두류산(頭流山: 지리산의 별칭)으로 들어가 쌍계사에서 살았다. 그 뒤 두류산을 떠나 태백산으로 가다가 의령(宜寧: 경상남도 의령) 들판의 한 암자에 머물렀다.

하루는 아주 예쁘장하게 생긴 젊은 승려가 오더니 두건을 벗으며 마루 한쪽 끝에 걸터앉아 남궁두를 흘낏 보고는 말했다.

"사족(士族)이시군요. 어째 뒤늦게 삭발을 하셨습니까?"

그러더니 또 이렇게 말했다.

"인내심이 강한 분이시군요."

잠시 뒤 또 이렇게 말했다.

"유학(儒學)으로 이름을 날린 적이 있으시군요."

그리고 한참 뒤에는 웃으며 이렇게 말했다.

"두 사람의 목숨을 해치고 죄를 지어 도망 다니는 분이로군

1_ 치상(雉裳): "치(稚)가 아니고 적(赤)이라야 맞을 듯하다"는 원주가 달려 있다.
2_ 권 진인(權眞人): 진인(眞人)이란 도(道)를 깨달아 신선이 된 사람을 일컫는 호칭이다.
3_ 가정(嘉靖): 명나라 세종(世宗, 재위 1522~1566) 때의 연호.
4_ 사마시(司馬試): 생원(生員)과 진사를 뽑는 시험.
5_ 임피: 전라북도 옥구군 임피.

요."

　모두 정확히 맞는 말이었으므로, 남궁두는 너무 놀라 허둥지둥 어찌할 바를 몰랐다.

　밤이 되자 남궁두는 젊은 승려의 침소를 찾아가 머리를 조아리며 그동안의 사실을 고백하고는 간절하게 가르침을 청했다. 젊은 승려가 말했다.

　"저는 관상만 볼 줄 알 뿐입니다. 우리 스승님은 못하시는 일이 없는데, 사람의 관상을 보고는 그에 따라 적당한 재주를 전해 주신답니다. 부적 쓰는 방법이나 천문 보는 방법, 풍수 보는 방법이나 점치는 방법을 각기 그 사람의 그릇에 따라 가르치고 이끌어 주십니다. 저는 관상 보는 방법을 배우긴 했지만, 아직 조예가 깊지 못한데 어찌 감히 남의 스승이 될 수 있겠습니까?"

　"그 스승님은 어디 계십니까?"

　"무주 치상산[6]에 계십니다. 그리로 가면 뵐 수 있을 것입니다."

　남궁두는 젊은 승려에게 절하고 물러 나왔다. 다음 날 새벽 문안을 하기 위해 젊은 승려를 찾아가 보니 승려는 이미 떠나고 없었다.

　남궁두는 그 즉시 지팡이를 돌려 치상산으로 갔다. 치상산에 있는 절을 거의 수십 군데나 돌아다녔으나 특별한 승려라고 할

6_ 치상산(雉裳山): 전라북도 무주에 있는 적상산(赤裳山)을 말한다.

만한 사람은 없었다. 한 해가 다 가도록 애타게 산꼭대기며 새의 자취조차 이르지 못하는 층층 절벽까지 모조리 찾아가 세 번 네 번 거듭 살피며 샅샅이 뒤졌지만 끝내 그 스승이란 이를 만나지 못했다. 젊은 승려가 거짓말을 한 모양이라며 허탈한 심정이 되어 돌아가려는 참이었다. 문득 어느 골짝에 이르니 우거진 숲 사이로 시냇물이 흘러나오는데 물 위에 커다란 복숭아씨가 둥둥 떠내려오고 있는 게 아닌가. 남궁두는 기뻐하며 속으로 생각했다.

'저 골짝 안에 선사(仙師)께서 계신 게 아닐까?'

남궁두는 걸음을 재촉하여 물길을 따라 몇 리쯤 올라갔다. 그때 돌연 우뚝 솟은 봉우리 하나가 보이더니, 올려다보이는 그곳에 소나무와 전나무가 해를 가리고 있고, 그 아래 세 칸짜리 허름한 집 한 채가 서 있었다. 벼랑에 기대 지어진 집은 돌층계로 대(臺)를 만들었는데, 맑고 환한 곳에 자리 잡고 있었다. 남궁두가 옷자락을 걷어잡고 곧장 위로 올라가니 어린 동자 하나가 맞이하며 물었다.

"어디서 오셨습니까?"

남궁두는 허리를 숙여 읍하고 말했다.

"총지가 선사님을 뵙고자 왔습니다."

동자가 동쪽으로 나 있는 작은 외쪽 문을 여니 마른나무 같은 모습의 노승이 다 해어진 장삼을 입고 나왔다. 노승이 말했다.

"스님은 풍채가 우뚝한 게 보통 사람 같지는 않으신데, 무슨 일로 예까지 오시었소?"

남궁두는 무릎을 꿇고 말했다.

"저는 우둔하여 특별히 할 줄 아는 것이 없습니다. 노사(老師)께서 훌륭하시다는 말씀을 듣고 한 가지 재주라도 배워 세상에 써 보고자 천 리를 마다 않고 찾아다녔습니다. 일 년이나 헤맨 끝에 이렇게 가까스로 찾아뵙게 되었습니다. 부디 저를 가르쳐 주십시오."

"산속에서 다 죽어 가는 늙은이가 무슨 재주가 있겠소?"

남궁두는 백번 절하며 간절히 빌었지만, 선사는 완강하게 거절하고 방문을 닫고 나오지 않았다. 남궁두는 방문 앞에 엎드려 새벽까지 애원했고, 아침이 되어서도 그만두지 않았다. 그러나 선사는 마치 남궁두가 보이지 않는 것처럼 가부좌를 틀고 앉아 선정(禪定)에 든 채 돌아보지 않았다. 이렇게 사흘이 지났는데도 남궁두의 마음은 더욱 간절해졌고, 비는 것을 그만두지 않았다. 남궁두의 정성스런 마음을 본 선사는 마침내 문을 열어 남궁두를 방으로 들어오게 했다.

사방 한 자쯤 되는 방에는 목침 하나가 덜렁 놓여 있고, 방의 북쪽 벽에는 감실 여섯 개를 파 놓았는데 자물쇠를 채워 두었고,

감실 기둥에는 열쇠를 걸어 두었다. 남쪽 창에는 선반을 매달아 대여섯 권의 책을 올려놓았을 뿐이다.

선사는 남궁두를 그윽한 눈길로 바라보다가 웃으며 말했다.

"자네는 인내심이 강한 사람이네. 투박하여 다른 것은 가르칠 게 없고 그저 장생불사하는 방법이나 가르칠 수 있겠네."

남궁두는 일어나 절하고 말했다.

"그것이면 족합니다. 다른 것이 무슨 소용 있겠습니까?"

"무릇 모든 신선술은 반드시 먼저 정신을 모은 연후에야 겨우 이룰 수 있네. 하물며 넋을 단련하고 정신을 비상하게 해 신선이 되고자 하는 사람에게 있어서야 더 말할 필요가 있겠나. 정신을 모으는 일은 잠을 자지 않는 일부터 시작하는 것이니, 자네는 우선 잠을 자지 말도록 하게."

남궁두가 이곳에 온 지 나흘이 되었으나 선사는 음식을 먹지 않았고, 동자만이 하루 한 끼 검은 콩가루 한 홉을 먹을 뿐이었는데 전혀 배고프거나 지친 기색이 없었다. 남궁두는 참 이상한 일이라 생각하고 있다가, 선사의 가르침을 받자 지성으로 소원이 이루어지기를 빌었다.

첫날 밤에는 새벽 2시 정도까지 앉아 있자 눈이 저절로 감겨왔지만 참고 새벽까지 버텼다. 둘째 날은 몽롱하고 피곤해서 정신을 차릴 수 없었지만 애써 꿋꿋이 참아 냈다. 셋째 날과 넷째

날 밤에는 몸이 노곤하여 똑바로 앉아 있지 못하고 벽에 머리를 찧기도 했지만 역시 참아 냈다. 일곱째 날 밤이 지나자 정신이 홀가분하니 환해지며 머릿속이 또렷하고 상쾌해졌다. 선사가 기뻐하며 이렇게 말했다.

"자네가 이처럼 대단한 인내력을 가졌으니 무슨 일인들 못 이루겠나!"

그러고는 두 가지 경전(經典)을 내주며 이렇게 말했다.

"위백양7-의 『참동계』8-는 단(丹)을 수련하는 비결로, 선가(仙家) 최상의 교리일세. 『황정내외옥경경』9-은 기(氣)를 이끌어 오장(五臟)을 단련하는 요결(要訣)로, 이 또한 도가(道家)의 오묘한 진리를 담고 있는 경문이지. 이 두 책을 만 번 읽으면 저절로 깨닫게 될 거야."

선사는 남궁두에게 각각의 책을 매일 열 번씩 외우도록 했다. 그리고 또 이렇게 말했다.

"무릇 신선술을 배우는 사람은 잡념을 끊고 편안히 앉아 정(精)과 기(氣)와 신(神)을 단련하여, 마음속에 일어나는 물과 불을 상생(相生)시켜 단(丹)을 이루는 게 가장 빠른 길이네. 그러나 최고의 지혜를 가졌거나 최상의 자질을 타고나지 않으면 단기간에 성취할 수 없는 일이지. 자네는 성품이 질박하고 강인해서 최고의 방법으로 훈련하기는 어려우니, 우선 곡기(穀氣)를 끊

7_ 위백양(魏伯陽): 후한 때 사람. 도술을 좋아하여 제자 세 사람과 입산하여 단(丹)을 이루었다고 한다.
8_ 『참동계』: 『주역참동계』(周易參同契). 『주역』의 형식을 빌려 연단술(煉丹術)을 논한 책이다.
9_ 『황정내외옥경경』(黃庭內外玉景經): 도가의 경전인 『황정내경경』(黃庭內景經)과 『황정외경경』(黃庭外景經)을 함께 일컫는 말. 보통 『황정경』(黃庭經)이라 한다.

어 쉬운 데부터 어려운 데로 들어가도록 하는 게 좋겠네. 사람의 생명은 오행10_에서 정기(精氣)를 받았기 때문에 오장(五臟)은 각각 오행에 대응되네. 그중 비(脾)는 토(土)의 기운을 받기 때문에 사람이 먹고 마시는 게 모두 비위(脾胃)로 들어가는 게야. 비록 곡식의 정기(精氣)로 건강하고 병이 없더라도 기운이 토(土)에 이끌려, 끝내는 그 육신이 땅으로 돌아가는 것이네. 옛날에 곡기를 끊었다는 사람들은 모두 이 때문에 그랬던 걸세. 자네도 우선 곡기 끊는 일부터 해 보게나."

그리고 선사는 남궁두에게 하루 두 끼만 먹게 했다. 7일이 지나자 한 끼는 밥을, 한 끼는 죽을 먹게 했다. 또 7일이 지나자 한 끼 죽을 없앴다. 다시 7일이 지나자 밥을 죽으로 바꿨다. 28일이 지난 뒤에는 밥과 죽을 모두 못 먹게 하더니, 열쇠로 감실 자물쇠를 열고 옻칠한 찬합 두 개를 꺼냈다. 하나에는 검은 콩가루가 들어 있고, 다른 하나에는 황정11_ 가루가 들어 있었다. 선사는 이것을 한 숟가락씩 떠서 물에 타 매일 두 번씩 먹게 했다. 남궁두는 본래 양이 커서 배고픔을 참기 어려웠다. 몸이 수척해져 피로하고 눈은 침침해져 사물을 분간할 수 없는 지경이었지만 그래도 참고 또 참았다.

검은 콩가루를 먹은 지 21일째 되는 날이었다. 문득 배가 부른 느낌이 들며 먹고 싶은 생각이 사라졌다. 선사는 즉시 잣나무

10_ 오행(五行): 우주 만물을 이루는 근본 요소라고 하는 수(水)·화(火)·목(木)·금(金)·토(土).
11_ 황정(黃精): 죽대의 뿌리. 비위를 돕고 원기를 더해 주는 약재.

잎과 참깨를 먹게 했다. 그러자 며칠 동안 온몸에 부스럼이 돋더니 참을 수 없이 아팠다. 그러나 백 일이 지나자 딱지가 떨어지면서 새살이 돋더니 드디어 정상대로 회복되었다. 선사는 기뻐하며 말했다.

"자네는 정말 좋은 그릇이야! 이제 욕망만 끊으면 되겠어."

남궁두가 3년을 머물며 두 권의 책을 만 번 정도 읽자 가슴이 탁 트여 시원해지며 신통한 힘을 가지게 된 듯했다. 선사가 단전 호흡을 가르치고, 또 몸 안에서 기(氣)를 돌리는 방법을 가르치니, 기가 벌써 움직이기 시작했다. 마침내 자오주천과 묘유주천[12]으로 육자비결[13]을 행하여 호흡의 도(道)를 이루자, 얼굴에 차츰 살이 붙으면서 갈수록 기운이 상쾌해지고 온갖 잡념이 다 사라졌다.

이렇게 6년이 흘렀다. 선사가 말했다.

"자네에게 도골(道骨)이 생겨서 이제 신선이 되어 하늘에 오를 정도가 되었네. 지금 하산해도 왕자교와 전갱[14]에 비해 손색이 없을 것이네. 아무리 욕망이 동하더라도 결단코 참아 내야 하네. 식욕과 색욕뿐 아니라 일체의 망상이 모두 진리를 터득하는 데 해로운 것이니, 모름지기 모든 것을 비우고 고요히 단련하도록 하게."

그리고 두 번째 방을 비워 남궁두를 방에 앉히고 기를 돌리

---

[12] 자오주천(子午周天)과 묘유주천(卯酉周天): 모두 도가 연단법의 특정한 방법들이다.
[13] 육자비결(六字秘訣): 도가의 양생 호흡법.
[14] 왕자교(王子喬)와 전갱(錢鏗): 중국의 옛 신선들.

는 방법을 가르쳐 주는데, 비결을 일러 주는 것이 자상하기 그지없었다. 남궁두는 선사의 가르침을 따라 오똑하니 앉아 꼼짝도 않고 눈을 감고 자신의 안을 들여다보았다. 선사는 남궁두가 춥지도 덥지도 배고프지도 배부르지도 않게 보살펴 주었다.

하루는 윗잇몸에 작은 자두 같은 것이 생겨 달고 끈끈한 액체가 혀로 흘러드는 것이 느껴져 선사에게 알리자, 선사는 천천히 삼켜 뱃속으로 들어가게 하라고 했다. 그리고 기뻐하며 이렇게 말했다.

"불로장생의 영약(靈藥)이 자리를 잡았으니, 이제 마음에 일어나는 화(火)를 장악할 수 있겠구나!"

즉시 삼방경15_을 벽에 걸고 칠성검16_ 두 자루를 좌우에 꽂더니 우보17_로 걸으며 주문을 외워 마귀를 물리치고 도(道)를 이루게 해 달라고 기원했다.

단련한 지 거의 여섯 달 만에 단전이 가득 채워지며 배꼽 아래에서 금빛 광채가 나오는 듯했다. 남궁두는 마침내 도(道)가 이루어지려 하자 기쁜 나머지 빨리 이루고 싶은 욕망에 갑자기 급하게 단(丹)을 이루려고 하였다. 그 바람에 속에서 불길이 치밀더니 정수리의 백회로 타올랐다. 남궁두가 고함을 지르며 튀어나오자 선사는 지팡이로 남궁두의 머리를 치며 말했다.

"아아, 이루지 못했구나!"

15_ 삼방경(三方鏡): 천(天)·지(地)·인(人)을 비추는 거울.
16_ 칠성검(七聖劍): 북두칠성이 새겨진 칼.
17_ 우보(禹步): 도교 술법의 하나로, 뒷발이 앞발을 넘어가지 않게 걷는 걸음. 우임금이 창시했다고 하는데, 귀신을 부리거나 마귀를 물리치는 힘이 있다고 한다.

선사가 급히 남궁두를 편히 앉히고 기운을 내리게 하니, 기운은 눌려 가라앉았지만 심장이 울렁거리며 종일토록 안정되지 않았다. 선사는 탄식하며 이렇게 말했다.

　　"세상에 보기 드문 사람을 만나 모든 것을 가르쳐 주었는데도 스스로의 업(業)을 꺾지 못하고 결국 실패하고 말았구나. 자네의 운명인 걸 내가 어쩌겠나!"

　　그리고 약재를 달여 차처럼 마시게 한 지 7일째가 되자 비로소 가슴이 편안해지고 기(氣)도 위로 타오르지 않았다. 선사가 말했다.

　　"자네가 비록 신선이 되지는 못했지만 지상선(地上仙)은 될 수 있네. 조금만 더 수양을 하면 팔백 세는 누릴 수 있을 거야. 자네 운명엔 자식이 있는데, 정자(精子)가 나오는 길이 막혔으니, 이 약을 먹으면 통할 게야."

　　그러고는 붉은 오동나무씨로 만든 환약 두 알을 내어 남궁두에게 먹였다. 남궁두가 말했다.

　　"제가 못나서 결국 스승님의 가르침대로 해내지 못했습니다. 모두 제 운명이 기박한 탓인데 한탄한들 무슨 소용이겠습니까? 제가 스승님을 모신 지 올해로 칠 년이 되었는데도, 스승님에 대해 아는 바가 조금도 없습니다. 부디 한 말씀 들려주시면 훗날 스승님을 떠올릴 때 위로라도 되지 않겠습니까?"

선사는 웃으며 이렇게 말했다.

"다른 사람이라면야 굳이 말해 줄 필요가 있겠는가만, 자네라면 참을성이 많으니 이야기해 주지. 나는 상락(上洛 : 경상북도 상주)의 대족(大族) 출신으로 태사[18] 행(幸)의 증손일세. 송나라 희령[19] 2년(1069)에 태어났지. 열네 살 되던 해 나병에 걸리자 부모님은 나를 어쩌지 못해 숲 속에 버리셨네. 밤이 되었는데 호랑이가 나타나더니 나를 물고 바위 굴속에 가져다 놓더군. 그러고는 옆에서 자기 새끼 두 마리에게 젖을 물렸네. 나를 노려봤지만 끝까지 해칠 생각은 없는 듯했네. 그러나 나는 통증이 너무 심해서 빨리 그 호랑이에게 물려 죽지 않는 게 한스러울 뿐이었지.

그러고 있는데 벼랑의 움푹 파인 곳에 잎이 넓고 뿌리가 큰 풀이 있는 것이 보였어. 씻어서 먹어 봤더니 배가 조금 차는 것 같더군. 몇 달 동안 먹었더니 부스럼이 차츰 없어지면서 조금씩 혼자 일어설 수 있게 되었네. 그래서 그 풀을 많이 캐다가 끼니마다 먹었지. 산에 있는 풀 절반은 먹었을 걸세. 그렇게 한 이삼백 일을 지냈더니 부스럼이 싹 벗겨지고 온몸에 털이 생겨나는 거야. 기쁜 나머지 억지로 계속 먹었네. 그리고 또 백 일이 지나자 몸을 스스로 움직여 눈 깜짝할 사이에 산꼭대기까지 올라갈 수 있게 되었네. 나병은 이미 나았지만, 살던 마을로 가는 길을

18_ 태사: 고려 시대 임금의 고문을 맡은 정1품 벼슬로, 원로대신에게 주는 명예직. 태부(太傅)·태보(太保)와 함께 삼사(三師)로 불렸는데, 태사(太師)가 가장 높았다.

19_ 희령(熙寧): 송나라 신종(神宗, 재위 1068~1085) 때의 연호. 1068년에서 1077년 사이. 고려 문종(文宗) 때다.

찾지 못해 길 위에서 서성이며 방황하고 있을 때였지. 홀연 승려 하나가 봉우리 아래를 지나가기에 얼른 내려가 길을 막고 물었네.

'이곳이 무슨 산입니까?'

승려가 대답했네.

'이곳은 태백산으로 진주부[20]에 속한 땅입니다.'

가까운 곳에 절이 있느냐고 물으니 또 이렇게 대답했네.

'서쪽 봉우리에 암자가 있긴 하지만 길이 끊겨 올라가기 어렵습니다.'

나는 즉각 나는 듯이 암자로 달려갔네. 절집은 대낮인데도 문을 닫았고, 고요해서 인기척이라고는 없더군. 곁채를 향해 난 문을 열고 가운데 방에 이르니 병든 노승 한 분이 누더기 옷을 입고 책상에 기대 있는데, 곧 죽을 듯이 숨을 몰아쉬다가 눈을 들어 나를 보고는 이렇게 말했네.

'어젯밤 꿈에 의상 대사(義湘大師)께서 나타나 말씀하시길, 우리 스승님의 비서(秘書)를 전해 받을 사람이 오늘 올 것이라고 하시더니, 그대의 관상을 보니 바로 그 사람이로군.'

노승께선 일어나 자루를 열어 책이 든 함을 꺼내어 내게 주시며 이렇게 말했네.

'이 책을 만 번 읽으면 그 뜻이 저절로 드러날 것이니, 노력하여 게을리하지 말게.'

20_ 진주부(眞珠府): 강원도 삼척도호부에 속해 있던 고을 이름.

나는 그 책을 누구에게 받으셨냐고 여쭈었지. 그랬더니 이렇게 말씀하시더군.

'신라 의상 대사께서 중국에 들어가 정양 진인[21]을 만나 이 책을 받으셨다고 했지. 입적하실 때 내게 당부하시길, 이백 년 뒤에 반드시 전할 자가 있을 것이라 하셨네. 그대가 예언의 그 사람일세. 이 책을 가져가 힘써 노력하게. 나는 책 전해 줄 사람을 찾았으니 이제 죽을 수 있겠어.'

그러고는 결가부좌를 한 채 고요히 입적하셨네. 나는 즉시 노승을 다비[22]하고 감색 사리 일백 개를 얻어 탑 속에 안치했네. 함을 열어 보니 『황제음부경』(黃帝陰符經)·『금벽용호경』(金碧龍虎經)·『참동계』·『황정내외경』·『최공입약경』(崔公入藥經)·『태식경』(胎息經)·『심인경』(心印經)·『통고경』(洞古經)·『정관경』(定觀經)·『대통경』(大通經)·『청정경』(淸淨經)[23] 등의 책들이 들어 있었네. 그 뒤로 나는 그 암자에서 혼자 지내며 수련을 했지. 마귀들이 사방팔방에서 와 마음을 어지럽히려 했지만, 내가 듣지도 않고 보지도 않자 마귀들은 사라졌네. 그렇게 각고의 노력을 다하기를 11년 만에 마침내 나는 신선이 되었네. 의당 해탈해 하늘로 올라갈 일이었지만, 옥황상제께서 내게 이곳에 머물며 동국(東國) 삼도(三道)[24]의 모든 신(神)을 통솔하라 명하셨네. 그래서 이곳에 머문 지도 어언 오백여 년일세. 때가 되면 하

21_ 정양 진인(正陽眞人): 당나라 때의 인물인 종리권(鍾離權)을 말한다. 어떤 노인에게서 신선의 비결서를 전수하고 공동산에 들어가 신선이 되었다고 한다.
22_ 다비(茶毗): 산스크리트 어. '불에 태운다'는 뜻으로, 시체를 화장하는 일.
23_ 『황제음부경』~『청정경』: 모두 도교의 경전들이다.
24_ 삼도(三道): 충청도·전라도·경상도를 가리킨다.

늘로 올라가야지. 그동안 내가 수많은 사람을 겪어 보니, 어떤 사람은 기(氣)가 너무 날카롭고, 어떤 사람은 너무 둔하며, 어떤 사람은 인내력이 부족하고, 어떤 사람은 인연이 적고, 어떤 사람은 욕심이 많아 모두 도(道)를 이루지 못했네. 만약 도를 이룬 자가 있었다면, 그에게 내 임무를 맡기고 옥황상제께서 계신 곳으로 올라갈 수 있었을 테지만, 수백 년 동안 아직 그런 사람을 찾지 못했으니, 아직 속세와 나의 인연이 다하지 않았기 때문에 그런 게 아니겠나."

남궁두는 선사와 오래도록 한방에서 자면서 선사가 배꼽 아래 한 치 되는 곳을 숨기고 남이 못 보도록 하는 것이 늘 의문이었다. 그 이유를 물으며 한 번 보고 싶다고 하자, 선사가 웃으며 말했다.

"쉽게 볼 수 있는 것이 아닐세. 보면 놀랄 터인데?"

"제가 왜 놀라겠습니까? 꼭 한 번 보고 싶습니다."

선사가 어둠 속에서 아랫배를 싸고 있던 천을 푸니 금빛 백 줄기가 천장까지 내쏘았다. 남궁두가 눈을 제대로 뜰 수 없어 의자에 엎드리니, 선사는 다시 원래대로 배꼽을 감쌌다.

이튿날 선사는 남궁두를 불러 이렇게 말했다.

"자네는 이제 인연이 다해 이곳에 오래 머무를 수 없네. 하산하여 머리를 기르고, 황정을 먹으며, 북두성(北斗星)에 설하며 살게. 살생하지 않고, 간음하지 않고, 도둑질하지 않고, 향이 강한 채소나 개고기와 쇠고기를 먹지 않고, 남을 음해하지 않으면 그것이 바로 지상선일세. 수행을 그치지 않으면 하늘로 올라갈 수도 있을 게야. 『황정경』과 『참동계』는 도가 최고의 경전이니 늘 지니고 다니며 외우기를 게을리하지 말게. 『도인경』(度人經)은 노자의 도(道)를 전한 글이고, 『옥추경』(玉樞經)은 뇌부의 여러 신[25]이 존귀하게 여기는 책이니, 늘 차고 있으면 귀신이 두려워하고 공경할 것이네. 그밖에 마음을 닦는 요체로는 오직 남을 속이지 않는 것이 최상일세. 사람이 선한 일이나 악한 일을 생각하기만 하면 좌우에 늘어서 있는 귀신들이 먼저 다 알아차리거든. 상제께서는 늘 가까이에 내려와 계셔서 우리가 어떤 일을 하면 바로 두궁[26]에 기록해 두게 하신다네. 그래서 하늘에서 선과 악에 대한 보답이나 응징을 내리는 게 그림자나 메아리보다도 빠른 게지. 우매한 자들은 하늘을 우습게 여기고, 하늘이 보지 못할 것이라며 두려워할 필요 없다 하지만, 저들이 어찌 저 아득한 하늘 위에 참으로 세상을 주재하는 분이 계셔서 세상 만물의 운명을 쥐고 있는 줄을 알겠는가? 자네는 인내심은 강하나 욕심을 완전히 없애지 못했으니, 만일 삼가지 않다가 이단(異端)에 빠지면 영겁의 고통을 받을 것일세. 그러니 삼가지 않으면 안 된다네."

---

[25] 뇌부의 여러 신: 뇌부(雷府)는 뇌신, 즉 우레의 신이 거처하는 곳이다. 뇌신으로는 우두머리인 뇌자(雷子), 천둥의 신 뇌공(雷公), 번개의 여신 뇌모(雷母), 바람의 신 풍백(風伯), 비의 신 우사(雨師) 등 다섯이 있다.

[26] 두궁(斗宮): 북두신(北斗神)이 거주하는, 북두성에 있다는 궁궐. 북두신은 상제의 비서 역할을 하는 신이다.

남궁두는 눈물을 흘리며 스승의 가르침을 받고는 하직 인사를 하고 산을 내려갔다. 문득 뒤돌아보니 이미 사람이 살던 흔적이라곤 조금도 남아 있지 않았다. 이곳저곳을 전전하다 임피에 도착하니 옛집은 흔적도 없이 사라졌고, 소유하던 논밭도 모두 몇 번이나 주인이 바뀐 뒤였다. 문득 오래된 착실한 종이 해남(海南)에 살고 있다는 것이 생각났다. 그 종은 부유해서 땅과 집이 있으니 그곳에 가 의탁해 보기로 했다. 종은 처음에는 남궁두를 알아보지 못하다가 한참 만에야 자기 주인임을 알아보고는 부여잡고 애통해 마지않았다. 종은 자기 집을 비워 남궁두를 살게 하고, 민가(民家)의 여인을 아내로 맞게 해 주었다. 그리하여 남궁두는 아들과 딸을 각각 하나씩 낳았다.

　남궁두는 다시 가정을 이룬 뒤에도 스승의 가르침을 가슴에 깊이 새기고 시종일관 조금도 나태해지지 않았다. 그리고 용담[27]이라는 땅에 가 깊은 골짜기를 골라 집을 짓고 은거했다. 그곳은 치상산에서 가까웠으니 다시 한 번 스승을 만나 뵐 수 있을까 해서였다. 수십 년 동안 황정과 솔잎을 먹으니 몸은 날이 갈수록 건강해졌고, 수염과 머리도 세지 않았으며, 걸음걸이도 나는 듯했다.

　만력[28] 무신년(1608) 가을, 나[29]는 공주(公州)에서 파직당한 뒤 부안(扶安)에 와 살고 있었는데, 남궁두는 고부(古阜)에

---

[27] 용담(龍潭): 전라북도 진안군(鎭安郡)의 고을 이름.
[28] 만력(萬曆): 명나라 신종(神宗, 재위 1573~1619)의 연호.
[29] 나: 허균을 말한다.

서부터 걸어서 내가 있는 곳을 찾아왔다. 남궁두는 나에게 네 가지 경전의 오묘한 뜻을 일러 주고, 아울러 선사를 만났던 일의 전말을 위와 같이 자세히 이야기해 주었다.

당시 남궁두의 나이는 83세였지만 얼굴은 마흔예닐곱 살 정도로밖에 보이지 않았고, 시력과 청력·정력은 조금도 쇠하지 않았다. 또 봉황의 눈에 검은 머리칼을 한 모습은 세속에 전혀 얽매이지 않은 듯해, 마치 깡마른 학처럼 보였다. 어떤 때는 며칠 동안 먹지도 자지도 않으며 『참동계』와 『황정경』을 쉬지 않고 외우기도 했다. 그러다가 문득 이런 말을 했다.

"남몰래 음험한 짓을 하지 말며, 귀신이 없다고 말하지 마시오. 선을 행하고 덕을 쌓으며 욕심을 끊고 마음을 단련하면 상선(上仙)의 경지에 이르게 되고, 곧 난새와 학이 내려와 맞이해 갈 것입니다."

남궁두는 수십 일을 머물고는 옷을 떨치고 인사하고 떠나갔다. 사람들은 그가 용담으로 돌아갔다고들 했다.

무명씨[30]는 말한다.

"'우리나라 사람은 불교는 숭상하지만 도교는 숭상하지 않는다'는 말이 전해 온다. 신라에서 조선에 이르기까지 수천 년 동안 도(道)를 얻어 신선이 된 이가 있다는 말은 들어 본 바가 없는데, 과연 그 말이 맞는 걸까? 그런데 내가 본 남궁두는 참으로 기

30_ 무명씨(無名氏): 허균을 이른다.

이하다 할 만하다. 남궁두의 스승이란 자는 과연 누구길래 의상 대사에게서 비결을 전수했다는 것인가? 꼭 믿을 만한 말 같지가 않다. 그의 말 또한 모두 사실 같지가 않다. 요컨대 그림자나 메아리처럼 확실한 실체가 없는 일이다. 다만 남궁두의 용모를 보면 참으로 득도(得道)한 사람이 아니고서야 어찌 여든의 나이에 그리 건강할 수 있겠는가? 그러니 이 또한 그런 일이 실제로 없었다고 단정할 수도 없는 일이니, 아아, 참으로 기이하다!

우리나라는 바다 밖 외진 곳에 있어 선문자와 안기생[31] 같이 뛰어난 사람은 드물었다고 하지만, 깊은 산중에 이런 이인(異人)이 수백 수천 년 동안 살고 있어 남궁두가 한 번 만나 볼 수 있었으니, 누가 궁벽한 땅이라 이런 사람이 없다고 말할 수 있겠는가? 도(道)에 통달하면 신선이고, 도(道)에 어두우면 보통 사람이다. 그러니 '우리나라 사람은 불교는 숭상하지만 도교는 숭상하지 않는다'는 말은 함부로 하는 말과 무엇이 다르겠는가? 남궁두가 성급히 이루려 하지 않고 마침내 단(丹)을 이룰 수 있었다면, 선문자나 안기생과 어깨를 맞대고 나란히 서는 데 무슨 어려움이 있었겠는가? 오직 참지 못해 다 이루어진 것을 어그러뜨리고 말았으니, 아아, 애석하다!"[32]

이수광의 『지봉유설』에는 이렇게 말하고 있다.

---

[31] 선문자(羨門子)와 안기생(安期生): 둘 다 중국의 옛 신선이다.
[32] 치상 권 진인은~아아, 애석하다!: 원주에 출전을 『무명씨집』으로 밝히고 있다. 이 글은 허균의 저술 『성소부부고』(惺所覆瓿藁)에 실린 「남궁선생전」이다. 허균이 광해군에 대한 모반죄로 처형되었으므로 그의 문집도 조선 시대 내내 정식으로 간행되지 못한 채 필사본으로 유통되었다.

"남궁두는 함열(咸悅: 전라북도 익산) 사람이다. 을묘년(1555)에 진사가 되었다. 젊어서 어떤 일로 인해 도망가 살다가 이인을 만나 비결을 전수하고 산수 간을 떠돌았다. 나이가 아흔 가까이 되었는데도 얼굴색이 늙지 않아 사람들이 지선(地仙)이라 불렀다."

남궁두의 신선 수련기가 매우 흥미진진하다. 마지막 한 고비를 넘기지 못하고 실패하는 부분에서는 안타까움에 절로 탄식이 나온다. 이 글은 허균의 「남궁선생전」으로, 원작에는 남궁두가 애첩과 당질을 살해하고 도망하기까지의 내력이 자세하게 묘사되어 있다. 또 뒷날 남궁두는 장생불사의 삶에 회의를 느끼며 평범한 삶을 그리워하기도 한다. 홍만종은 이런 부분을 모두 생략하고 권 진인과 남궁두의 사제 관계 및 신선 수련기에 초점을 맞췄다. 허균의 원작이 궁금한 독자는 박희병·정길수 편역의 『낯선 세계로의 여행』(돌베개, 2007)에 실린 번역문을 참조하기 바란다.

세상 밖에서 노닌 김시습

 김시습의 자는 열경(悅卿)이고, 호는 동봉(東峯)·벽산청은(碧山淸隱)·청한자(淸寒子)·매월당(梅月堂)이다. 태어난 지 8개월 만에 저절로 글을 알았다. 최치운[1]이 이를 기이하게 여겨, '시습'[2]이라는 이름을 지어 주었다.
 시습은 세 살 때 이미 글을 지을 수 있었다. 이런 시구가 있다.

 저물녘 삼월은 푸른 버들 붉은 복사꽃
 이슬 맺힌 솔잎은 구슬 꿴 초록빛 바늘.

 정승 허조[3]가 시습의 집을 찾아왔다.
 "나는 늙었으니 '늙을 노(老)' 자로 시 한 구절 지어 보겠니?"
 시습은 시구를 읊었다.

 늙은 나무 꽃 피니 그 맘 아직 늙지 않았네.

 허조는 무릎을 치며 감탄하였다.

1_ 최치운(崔致雲): 1390~1440. 세종 때의 문신. 김시습의 친척이다.
2_ 시습(時習): 『논어』의 첫 구절 '學而時習之, 不亦悅乎'('배우고 때로 익히면 참으로 즐겁지 아니한가'라는 뜻)에서 따온 말이다.
3_ 허조(許稠): 1369~1439. 쓰시마 및 명나라와의 외교 활동에 큰 활약을 한 세종 때의 대신.

"신동이로구나!"

세종께서 이 소문을 들으시고 김시습을 대언사[4]로 불러, 지신사 박이창[5]으로 하여금 시 짓기 시험을 해 보라 하시고는, 다음과 같은 전지[6]를 내리셨다.

"내 친히 만나 보고 싶으나 사람들이 듣고 놀라 공연히 떠들까 저어하노라. 재주를 숨기고 잘 가르쳐, 훗날 장성하여 학문을 성취하면 그때 크게 쓸 것이다."

그러고는 비단을 하사하시어 돌려보냈다.

시습은 스물한 살에 삼각산에 머물며 공부하고 있다가 단종께서 양위하셨다는 소식을 들었다. 그러자 방문을 닫고 사흘 동안 나오지 않다가 결국 대성통곡하며 갖고 있던 책을 모두 불살라 버리고, 미친 사람처럼 발광하다 변소에 빠졌다. 그러고는 그곳에서 달아났다. 그 뒤 절문에 몸을 의탁해 승려가 되니, 승명은 설잠(雪岑)이었고 중흥사[7]에 오래도록 머물렀다.

시습은 비 온 뒤 계곡물이 붇기만 하면 종잇조각 백여 장을 오리고 붓과 벼루를 챙겨 여울물이 소용돌이치는 곳을 찾아가 그 옆에 앉아 생각에 잠겼다가 시를 짓곤 했다. 절구(絶句)나 율시(律詩) 혹은 오언고풍(五言古風)을 지어 종이에 쓴 뒤 물에 던져 버렸다. 쓰고 던지고 쓰고 던지고 하다가는 종이가 다 떨어져서야 돌아오곤 하였다. 달밤이면 「이소경」[8]을 읊었는데, 다 읊

4_ 대언사(代言司): 승정원(承政院)을 말한다. 국왕의 비서 기관 격으로, 왕명의 출납(出納)을 맡아보았다.
5_ 지신사 박이창: 지신사(知申事)는 대언사의 으뜸인 정3품 벼슬이다. 박이창(朴以昌, ?~1451)은 세종 때의 문신.
6_ 전지(傳旨): 임금이 전하는 말을 적은 글.
7_ 중흥사(中興寺): 서울 삼각산 노적봉 남쪽에 있던 절로 지금은 터만 남아 있다.

고 나면 꼭 울었다.

세조께서 법회(法會)를 열자 시습이 법회의 주관자로 뽑혀 왔는데, 새벽에 갑자기 도망해 버려 어디로 갔는지 알 수가 없었다. 사자(使者)를 보내 찾아보니, 일부러 마을 변소에 빠져 머리만 반쯤 내밀고 있었다.9_

시습이 설악산에 은거할 때, 강릉의 최연(崔演)이라는 사람이 뜻이 같은 젊은이 대여섯과 함께 가르침을 청하러 왔다. 시습은 모두 거절하고 최연 한 사람만 가르치겠다고 하였다. 최연은 반년 동안 머물면서 제자의 도리를 다했다. 자나 깨나 스승 곁을 떠나지 않았는데, 어쩌다 달이 높다랗게 뜬 깊은 밤에 잠이 깨어 보면 스승은 오간 데 없고 잠자리만 텅 비어 있곤 했다. 최연은 속으로 이상한 일이다 생각했지만 감히 찾으러 나가지는 못했다. 그러기를 여러 번, 어느 깊은 밤 또 밝은 달이 뜨자, 시습이 옷을 차려입고 두건까지 쓰고는 가만히 밖으로 나갔다. 최연이 멀찌감치 그 뒤를 따라가니, 시습은 골짝 하나를 건너고 또 고개 하나를 넘어 수풀이 빽빽한 곳에 이르렀다. 최연이 몰래 엿보니 고개 아래 큰 반석(盤石)이 있는데, 넓고 반반해 사람이 앉을 만했다. 갑자기 어디서 왔는지도 모르게 두 사람이 나타났다. 두 사람과 시습은 서로 읍하고 반석 위에 앉아 이야기를 나누었다. 너무 멀어 무슨 말을 하는지는 알 수 없었다. 한참 뒤 그들이 헤

8_ 「이소경」(離騷經): 중국 초나라 시인 굴원(屈原)이 지은 시. '이소'란 '슬픔을 만나다'는 뜻으로, 정적(政敵)들의 모략으로 왕에게 버림받은 슬픔을 노래하고 자신의 결백을 주장하는 시다. 뒷날 굴원은 멱라수에 투신자살하였다.
9_ 김시습(金時習, 1435~1493)의 자는~반쯤 내밀고 있었다: 원주에 출전을 『명신록』(名臣錄)으로 밝히고 있다.

어지자, 최연은 얼른 먼저 돌아와 잠자리에 누워 자는 척했다.

다음 날 시습이 최연에게 말했다.

"처음에 나는 너를 가르칠 만하다고 생각했는데, 이제야 비로소 가르치는 일이 번거롭고 소란하다는 걸 알았구나. 더 이상 못 가르치겠다."

그리고 끝내 최연을 거절하니, 시습이 만났던 그들이 사람인지 신선인지도 알 수 없었다.

시습은 뒷날 머리를 기르고 환속했다가 얼마 못 가 다시 중이 되었고, 홍산[10]_ 무량사(無量寺)에서 죽었다. 죽을 때 화장하지 말라고 유언하여 임시방편으로 절 옆에 가매장하였는데, 3년 뒤 정식으로 매장하려고 관을 열어 보니 얼굴이 꼭 살아 있는 것 같았다. 그러니 죽은 것이 아니라 신선이 된 것이다. 윤춘년[11]_은 「매월당전」에서 다음과 같이 말했다.

"시습은 오백 나한[12]_을 부를 수 있었으니 정말 기이한 일이다."[13]_

이율곡(李栗谷)이 왕명을 받들어 편찬한 「김시습전」에는 다음과 같은 기록이 있다.

"동봉은 홍치[14]_ 6년 홍산 무량사에서 죽었으니 향년 59세였다. 화장하지 말라고 유언했으므로 절 옆에 가매장했는데, 3년

---

[10]_ 홍산(鴻山): 충청남도 부여에 있던 고을 이름.
[11]_ 윤춘년: 김시습을 매우 높이 평가했으며, 선조의 명으로 「매월당전」을 지었다.
[12]_ 오백 나한(五百羅漢): 불교에서 아라한과를 성취한 5백 명의 아라한.
[13]_ 시습이 설악산에~기이한 일이다: 원주에 출전을 『어우야담』(於于野談)으로 밝히고 있다. 『어우야담』은 유몽인(柳夢寅, 1559~1623)이 지은 야담집이다.
[14]_ 홍치(弘治): 명나라 효종(孝宗, 재위 1488~1505)의 연호.

뒤 장사 지내려고 관을 열어 보니 얼굴빛이 살아 있는 듯했다. 중들이 모두 다 경탄하며 부처가 되었다고 여겼다."

소용돌이치는 물가에 앉아 시를 짓고 버리는 김시습의 기행(奇行)에서 깊은 비탄이 느껴진다. 소설 『금오신화』(金鰲新話)의 저자로도 유명한 김시습은, 세조의 왕위 찬탈에 저항하여 평생 방랑과 기행을 일삼으며 많은 시작품을 남겼다. 조선 시대를 통틀어 가장 고뇌했던 비판적 지성 중 한 사람인 그는 유·불·선을 넘나드는 폭넓은 사상을 지녔을 뿐 아니라, 단학 수련에도 조예가 깊어 도가 전통의 한 맥을 이루었다.

화를 피한 정희량

정희량의 자는 순부(淳夫)다. 박학하여 글을 잘 지었고 『주역』에 밝아 운세를 잘 점쳤는데, 성격이 유난히 결벽하여 세상과 잘 맞지 않았다. 과거에 급제해 한림학사를 지냈다. 서른일곱에 모친상을 당해 풍덕현[1]_에 초막을 짓고 삼년상을 치렀다. 삼년상을 치르면서 천체의 운행을 관측하고 기록하던 중, 장차 세상이 어지러워질 것을 알고 몸을 피해 멀리 종적을 감추기로 마음먹었다.

희량은 알고 지내던 절의 승려와 의논하여 세상을 벗어날 계획을 세우고 나서, 때때로 혼자 언덕에 올라 뒷짐을 진 채 이리저리 배회하였다. 그러다가 집에 돌아와서는 눈물을 떨어뜨리곤 했으니, 집안의 하인들은 그저 그가 모친을 그리워해 그러는 줄로만 여겼다.

마침내 5월 5일, 승려가 희량을 찾아왔다. 희량은 하인들에게 물 건너 멀리까지 가서 땔감을 해 오라 시켜 놓고는 승려와 함께 도피해 버렸다. 저물녘이 되어 돌아온 하인들이 희량을 찾아 나섰는데, 조강(租江)의 모래사장에 다다르니 굴건(상주가 쓰는 모자)과 짚신, 지팡이만 달랑 놓여 있었다. 사람들은 희량

1_ 풍덕현(豊德縣): 지금의 황해남도 개풍군에 속했던 고을 이름.

이 물에 빠져 자살했다고 여겼다.

그 뒤로 십수 년이 지났다. 모재 선생[2]이 안찰사(按察使)가 되어 부임하던 길에 잠시 역참에 머물렀는데, 역참 누각의 벽에 누군가가 쓴 시 한 수가 적혀 있었다.

비바람 거세던 지난날
문명을 등지고.
외로운 지팡이 우주를 떠도니
시끄러움 싫어 시도 짓지 않네.

시는 방금 쓴 듯 먹도 채 마르지 않았다. 선생은 크게 놀라 역리(驛吏)를 불러 누가 쓴 시냐고 물었다.

"아까 승복 입은 늙은 중이 사미승 둘을 데리고 누각에 올라 경치를 조망하며 시를 읊었사옵니다. 저희들이 손을 휘두르며 가라고 해도 가지 않다가, 멀찌감치 나리께서 행차하시는 깃발을 보고는 천천히 누각을 내려갔습지요."

선생은 그가 바로 희량임을 깨닫고 급히 말 탄 병사들을 풀어 주변을 수색하게 했으나 찾지 못했다.

그 뒤로 선생은 또 한 번 어느 절에 들렀다가 벽에 씌어 있는 시구를 보았다.

---

[2] 모재 선생: 조선 전기의 문신 김안국(金安國, 1478~1543). 모재(慕齋)는 그의 호.

작은 새 퇴락한 절간 담구멍 엿보는데
중 하나 석양빛에 샘물을 긷네.

역시 희량이 아니면 지을 수 없는 시라고 생각되었다. 그러나 그 모습은 오간 데 없고 끝내 들려오는 소문 하나 없으니, 마치 당나라 시인 낙빈왕[3]과 같았다.[4]

희량은 일찍이 상·중·하 삼원의 사람 운수를 헤아려[5] 여러 편의 책을 썼는데, 작은 글씨는 터럭처럼 세밀했고 큰 글씨는 큼지막했다. 책이 백여 권이나 되었으며, 책 제목은 『명경수』[6]라 하였다.

한번은 밤에 희량이 제자 김륜(金倫)과 산방(山房)에 고요히 앉아 노장(老壯)에 대해 이야기하고 있을 때였다. 홀연 산 너머에서 여우 울음소리가 들려왔다. 소리는 점점 커졌다. 희량은 한참을 슬퍼하다가 산을 향해 몇 마디 주문을 외우고는 손가락을 몇 번 튕긴 후 다시 주문을 외웠다. 다음 날 아침 김륜에게 앞산에 가 간밤의 여우를 찾아보라 하였다. 김륜이 가 보니 여우들이 모두 혀를 빼물고 죽어 있었다. 김륜은 크게 놀라 돌아와 뜰 앞에 엎드려 말하였다.

"스승님께 운세를 점치는 일의 대강이나마 전수한 지 오래되었으나, 부적과 주문에 관한 신묘한 방법은 아직껏 그 근처도

3_ 낙빈왕(駱賓王): 중국 당나라의 시인. 측천무후에 대한 반란에 가담했다가 난이 실패하자 자취를 감추었다. 초당사걸(初唐四傑)의 한 사람.
4_ 정희량(鄭希良, 1469~?)의 자(字)는~낙빈왕과 같았다: 원주에 출전을 『우계집』(牛溪集)으로 밝히고 있다. 『우계집』은 성혼(成渾, 1535~1598)의 문집.
5_ 상·중·하 삼원(三元)의~헤아려: 삼원이란 상원(1월 15일), 중원(7월 15일), 하원(10월 15일)을 말한다.
6_ 『명경수』(明鏡數): 일실(逸失)되어 지금은 전하지 않는다.

가 보지 못했습니다. 제발 가르쳐 주십시오."

"너는 내 점술을 전수했으니 일생토록 먹고 입을 걱정은 없을 게다. 뭣하러 꼭 그런 걸 배우려는 게냐?"

그러나 김륜은 한사코 고집을 부리며 가르침을 청했다.

"자기 마음 하나 다스리지 못하면서 그런 일에 종사하면, 필경 사람을 해치고 세상에도 장애가 될 것이다."

희량은 이렇게 말하고 끝내 가르쳐 주지 않았다.

퇴계[7]가 삼가현[8]에서 어떤 승려를 만난 적이 있었다. 『주역』에 대해 토론하였는데, 승려는 대답하는 것이 물 흐르듯 막힘이 없고 『주역』을 환히 꿰뚫어 투철하게 알고 있었다. 퇴계가 의심스러운 생각이 들어 승려에게 말했다.

"정희량이 승려가 되었다던데 이제는 많이 늙었을 겝니다. 이제 근심 없는 세상이 되었는데 어째 다시 벼슬에 나오지 않을까요?"

"희량이 설령 죽지 않았다손 쳐도 모친상을 다 마치지 않았으니 불효를 저지른 것이요, 임금을 버리고 달아났으니 불충을 행한 것입니다. 불효하고 불충한 자가 어찌 감히 세상에 나올 수 있겠습니까?"

승려는 말을 마치고, 인사하고 물러가면서 이렇게 말했다.

"뒷산 초막에 묵을 예정입니다."

7_ 퇴계(退溪): 이황(李滉, 1501~1570)의 호.
8_ 삼가현(三嘉縣): 경상남도 합천군에 속해 있던 고을.

승려가 물러가고 얼마 안 있어 퇴계는 문득 머리를 치며 깨닫고 사람을 초막으로 보냈으나, 승려는 이미 채비를 차려 몸을 피한 뒤였다.9_

김륜은 젊은 시절 평안도의 묘향산을 유람하다가 이천년(李千年)이라는 방외(方外)의 선비를 만나, 그를 따라 이 산 저 산을 다니며 도술을 전수 받은 적이 있었다. 그래서 스승의 생년월일과 태어난 시(時)를 소상히 알고 있었다. 김륜이 서울에 가면 판사(判事) 신경광(申景光)을 찾아가곤 했는데, 신경광은 점치기를 좋아해 선비나 고관의 사주를 적어 두고 직접 점을 쳐 보곤 했다. 정희량의 사주 또한 그 속에 있었다. 김륜이 신경광을 찾아가 담소를 나누다가 우연히 사람들의 사주를 적어 둔 책을 보았다. 그리고 희량의 사주를 발견하고는 깜짝 놀라며 말했다.

"이건 우리 스승 이천년의 사주인데요."

그리하여 희량이 죽지 않고 여전히 살아 있음을 알게 되었다고 한다.10_

『명신록』에 따르면, 공(公)의 호는 허암(虛菴)으로 일찍이 스스로 자신의 운명을 점쳐 보고는 그 시(時)의 위치가 부정확함을 탄식하며 이렇게 말했다.

"이 간지(干支)면 크게 귀할 것이나, 저 간지면 흉하여 말할

9_ 희량은 일찍이~몸을 피한 뒤였다: 원주에 출전을 『어우야담』으로 밝히고 있다.
10_ 김륜은 젊은 시절~알게 되었다고 한다: 원주에 출전을 『사재척언』(思齋摭言)으로 밝히고 있다. 『사재척언』은 김정국의 문집이다.
11_ 갑자년의 화: 1504년에 일어난 갑자사화(甲子士禍)를 말한다. 이때 연산군은 생모 윤씨(尹氏)가 폐출·사사되는 데 일조했던 두 숙의(叔儀)를 살해하고, 윤씨 복위에 반대하는 선비들을 처형했으며, 생모 폐출에 찬성했던 거유(巨儒)들의 무덤을 파헤쳐 목을 베는 등 부관참시를 단행하고 그 가족과 제자들까지 처벌하였다.

것도 못 되는구나."

늘 세상으로부터 벗어날 뜻을 가져, 자식들에게 갑자년의 화11_는 무오년12_보다 더 심할 것이니 벼슬에 나갈 생각은 하지도 말라고 당부하곤 했다. 훗날 공이 덕수현13_ 남쪽에서 모친의 상중(喪中)에 있을 때였다. 하루는 하인들에게 산에 가 나무를 해 오라고 일렀는데, 하인들이 돌아와 보니 공이 보이지 않았다. 집안사람들이 사방으로 찾아다녔지만 남강(南江)의 물가 모래톱에서 벗어 놓은 신발 두 짝만을 발견했을 뿐이었다. 강에 빠진 것으로 짐작되었지만 끝끝내 시신을 찾지 못했다. 해평군 정미수14_가 연산군에게 상소를 올려 각 고을마다 물색해 찾아내야 한다고 하자, 연산군은 이렇게 말했다.

"미친놈이 도망가다 죽은 것을 뭣하러 찾느냐?"

그리하여 마침내 정희량은 아무 해를 입지 않았다.

연산군 시절에 사화(士禍)가 있었는데, 그중 무오사화 때 허암은 용만(龍灣)으로 귀양 보내졌다. 그 뒤에도 연산군의 포학은 더욱 극심해져 제멋대로 사람을 도륙했으니, 그것이 바로 갑자사화다. 아마 허암이 세상에 있었으면 화를 피하기 어려웠을 것이다. 그리하여 결국 헛된 세상을 피해 안개와 노을을 먹으며 산수 간을 배회했으니, 그가 인간 세상에 있었다는 것만 알 수 있을 따름이다.

12_ 무오년: 이해에 무오사화(戊午士禍)가 일어났다. 1498년 유자광이 중심이 된 훈구파 세력이 연산군을 충동질해 당시 새로운 정치 세력으로 등장한 사림파 세력에게 화를 입힌 사화다. 이때 정희량은 유배에 처해졌다.
13_ 덕수현(德水縣): 황해남도 개풍군 풍덕에 있던 지명.
14_ 해평군(海平君) 정미수(鄭眉壽): 1456~1512. 문종의 딸 경혜 공주의 아들. 연산군 때 판의금부사를 지냈다.

15세기 말에서 16세기 초 지식인 사회에는 여러 차례 사화의 광풍이 몰아쳤다. 정희량 역시 무오사화에 연루되어 약 3년에 걸친 유배 생활을 하였으며, 해배(解配) 몇 개월 뒤 곧 행방불명되었다. 그때 나이 서른넷이었다. 그가 남긴 시에는 삶에 대한 허무와 비애, 짙은 고독이 스며 있다.

날 때부터 글을 안 남추

남추는 곡성[1] 사람이다. 어릴 때부터 배우지 않고도 글을 알았다. 부모가 독서를 권하자, 남추는 이렇게 대답했다.

"소자는 읽지 않은 책이 없습니다."

구름이 자욱하고 안개가 짙게 낀 어느 날 갑자기 남추가 보이지 않았다. 사람들이 찾아보니 남추가 바위에 앉아 한 무리의 어른들에게 글을 읽어 주며 그 내용을 강(講)하고 있었다. 사람들 모두가 이상하게 여겼다.

한번은 편지를 써서 종에게 주며 말했다.

"지리산 청학동에 가면 두 사람이 마주 앉아 있을 게다. 이 편지를 가져다주고 꼭 답장을 받아 오너라."

종이 남추의 말을 따라 청학동으로 가니, 단청을 한 누각 몇 칸이 바위 동굴 위에 가로놓여 있는데 아름답고 정교하기 그지없었다. 그곳에 한 도인이 노승과 마주 앉아 바둑을 두고 있었다. 종이 편지를 올리니, 도인이 웃으며 말했다.

"네가 올 줄 알고 있었느니라."

도인은 바둑을 끝내고 종에게 시첩과 함께 푸른 옥으로 만든 바둑돌을 주었다. 종이 청학동에 왔을 때는 9월이어서 길 위엔

1_ 곡성: 전라남도 곡성(谷城).

낙엽이 뒹굴고 하늘엔 가는 눈발이 날렸는데, 인사하고 돌아갈 때는 배고픔을 느끼지도 않을 만큼 짧은 시간이 지났을 뿐인데도 발밑에 잠자던 풀이 싹을 틔우려 하였다. 종은 의아하게 생각했다. 청학동을 나오니 날씨는 따뜻하고 풀 나무엔 싹이 터 세상은 이미 2월이었다.

남추는 과거에 급제해 전적2_ 벼슬까지 하고 죽었다. 죽은 뒤엔 바둑돌도 사라졌다. 그때의 도인은 최치원이고, 노승은 검단 선사3_였다는 말도 있다.4_

『기묘록』5_에 따르면 남추는 곡성 사람인데 장원 급제로 그 명성이 자자했으며, 그가 지은 「촉영부」(燭影賦)와 「장문부」(長門賦)는 많은 사람 사이에 널리 회자되었다. 일찍이 남곤6_이 남추를 자기 무리에 끌어들이려고 불러서는 소나무 분재를 가리키며 말했다.

"자네의 글솜씨가 뛰어나다 들었네. 어디 저것을 글감으로 시 한 수 지어 보겠나?"

남추는 곧 시를 읊었다.

한 그루 소나무 연약한 줄기

2_ 전적(典籍): 성균관에 속했던 정6품 벼슬로, 성균관의 학생을 지도하는 일을 말아보았다.
3_ 검단 선사(黔丹禪師): 백제의 고승(高僧).
4_ 남추(南趎, 1499~1526)는 곡성~말도 있다: 원주에 출전을 이수광의 『지봉유설』로 밝히고 있다.
5_ 『기묘록』(己卯錄): 김육(金堉, 1580~1658)이 기묘사화에 관련된 인물들의 전기를 정리한 책. 기묘사화는 중종 14년(1519)에 남곤 등 훈구파의 모함으로 조광조 등의 신진 사류가 사형 및 축출당한 사건이다.
6_ 남곤(南袞): 1471~1527. 중종 때의 정치가. 기묘사화 때 예조판서로 있으면서 조광조를 비롯한 여러 선비를 모함하여 죽였다.

천 년 눈 속에 그 자태 굳건하구나.
누군가 굽은 네 몸 쭉 펴게 한다면
높은 하늘 저물녘 구름 없애 버리리.

남곤은 크게 노하여 그와의 교제를 끊어 버렸고, 남추는 나이 스물여덟에 전적 벼슬을 그만두었다.

당대 권력의 실세를 정면으로 꾸짖는 남추의 시가 추상(秋霜) 같다.

서경덕과 벗한 지리산 선인

지리산 선인은 애초부터 어디 사람인지 알 수 없다.

서경덕[1]이 지리산 유람을 갔을 때다. 최상봉에 오르려고 새벽에 점을 치고선 종자들에게 말했다.

"오늘은 이인(異人)을 만나게 될 게다."

그러고는 짚신 신고 지팡이 짚고 산을 올라 꼭대기에 다다라서는 소나무에 기대 돌 위에 걸터앉았다. 시간이 얼마나 지났을까. 한 사나이가 반공중에 떠 길게 읍하고서 말했다.

"그대가 올 줄 알고 있었습니다."

선생이 말했다.

"나도 그대가 찾아올 줄 알았습니다."

"기(氣)를 단련하고 정신을 수양하면 상등으로는 대낮에 하늘로 치솟을 수 있고, 중등으로는 우주 끝까지 맘대로 갈 수 있으며, 하등으로는 천 년 동안 고요히 앉아 있을 수 있습니다. 나를 따라 노닐지 않으시겠습니까?"

"신선이 되는 술법은 비록 전해지는 것이 있다 해도 유학자가 갈 길은 아닙니다. 나는 공자를 따르는 사람입니다. 그대의 신묘한 비법이 배울 만한 것이기는 하나 나는 원치 않습니다."

---

[1] 서경덕(徐敬德): 1489~1546. 중종 때의 유학자. 가난하여 독학으로 공부하였고, 주로 산림에 은거하며 문인을 양성했으며, 과거에 뜻을 두지 않았다.

선인이 웃으며 말했다.

"도(道)가 다르니 함께할 수 없군요. 나 또한 그대의 고고함을 잘 알고 있습니다."

그날 종자들은 아무도 선인을 보지 못했다. 선생이 혼자 있으면서 이야기를 주고받는 듯하니 모두들 이상하게 여길 뿐이었다. 이윽고 선생이 손을 드니 선인은 번개처럼 사라졌다

선인은 날개옷을 입었고, 양팔이 길게 드리워져 있었으며, 나이는 서른 남짓 되어 보였다고 한다. 선생은 그때의 일을 남에게는 말한 적이 없었는데, 뒷날 병이 위중해지셨을 때 서울에 계시던 우리 선친[2]께서 송도까지 찾아가 뵙자 죄다 말씀해 주셨다고 한다.[3]

『여지승람』에 "지리산 하늘엔 태을성(太乙星)이라는 별이 있는데 여러 신선이 모이는 곳이며, 지혜와 덕(德)이 높은 승려들이 살고 있는 곳이기도 하다"라는 기록이 있다. 내 생각에 선생이 만난 이는 바로 『여지승람』에서 말한 이로, 그 기록이 진정 거짓이 아니다. 신령한 선인인 약사[4]가 늘 그곳을 왕래하지만 사람들은 보지 못하고 오직 선생 홀로 보신 것이다. 그러니 세상에 진짜 신선이 없는 것이 아니요, 다만 오직 도가 높은 사람만이 신선을 만나 볼 수 있을 뿐이라는 것을 이로써 알 수 있다.

2_ 우리 선친: 차천로의 부친 차식(車軾, 1517~1575)을 말함.
3_ 지리산 선인(仙人)은~말씀해 주셨다고 한다: 원주에 출전을 『오산설림』(五山說林)으로 밝히고 있다. 『오산설림』은 서경덕의 문인인 차천로의 저술이다.
4_ 약사(若士): 중국 고대의 신선.

고대의 신선인 약사는 움푹한 눈에 검붉은 콧마루, 살진 이마에 수척한 뺨, 솔개처럼 솟아오른 어깨에 기다란 목을 가졌다. 바람을 맞아 출렁출렁 춤을 추며, 거북 껍데기 속에 웅크리고 앉아 게와 조개를 먹으며, 몸을 솟구쳐 구름 속을 날아다닌다. 약사는, 아래로는 땅이 없고 위로는 하늘이 없으며, 보아도 보이는 것이 없고 들어도 들리는 것이 없으며, 그 바깥은 오직 끝없이 흘러넘치는 물웅덩이며, 한번 발을 내딛으면 천만 리 밖이 되는, 그런 곳을 다닌다. 진(晉)나라의 갈홍(葛洪)이 편찬한 『신선전』에 나오는 이야기다.

도술을 감춘 서경덕

서화담의 이름은 경덕(敬德)이고, 자(字)는 가구(可久)다. 날 때부터 자질이 뛰어나 재야(在野)에 있으면서 스스로 공부하였고, 특히 소강절이 지은 『황극경세서』를 깊이 연구해 그 경세(經世)의 수(數)를 추리해 내는 데 한 점 오류가 없었으니, 어려운 복희 팔괘[1]를 아는 자로는 우리 조선에서 제일이었다. 화담이 지은 시에 다음과 같은 것이 있다.

젊어선 세상 경륜을 꿈꿨으나
늙으니 안씨[2]의 가난함이 좋구나.
부귀를 다투는 건 어려운 일
자연엔 금하는 것 없으니 편안하구나.
나물 캐고 고기 낚으니 먹기 족하고
달밤에 노래하니 바람도 상쾌해.
의문 나는 진리도 없으니 참으로 즐겁다
백 년 인생 헛되지는 않겠구나.[3]

우리 선친[4]은 화담 선생에게 배웠다. 7월에 선생 댁을 방문

1_ 복희 팔괘(伏羲八卦): 복희씨가 맨 처음 만들었다고 하여 '복희 팔괘'라 한다. 팔괘는 역(易)을 구성하는 64괘의 기본이 되는 8개의 기호로, '☰(건乾)·☱(태兌)·☲(이離)·☳(진震)·☴(손巽)·☵(감坎)·☶(간艮)·☷(곤坤)'을 말한다. 각각의 괘를 두 개씩 겹쳐 64괘를 만들어, 그것으로 길흉화복을 점친다.
2_ 안씨(顔氏): 안회(顔回)를 말한다. 공자가 가장 신임했던 제자로, 평생 가난하게 살면서 진정으로 가난을 즐겼다.
3_ 서화담(徐花潭)의 이름은~헛되지는 않겠구나: 원주에 출전을 신흠의 『상촌집』(象村集)으로 밝히고 있다.

했는데, 댁에서 말하길 선생이 화담5-으로 올라간 지 벌써 엿새나 되었다고 하였다. 선친은 곧바로 화담의 별장으로 가려 했으나 가을장마에 물이 불어 강을 건널 수가 없었다. 저녁이 되어 물살이 조금 약해졌을 때 겨우 강을 건너 화담에 도착했더니 선생은 거문고를 타며 시를 읊고 있었다. 선친이 종에게 저녁밥을 짓게 하겠다고 하자, 선생이 말했다.

"나도 먹지 않았으니 함께 먹으면 되겠네."

그런데 부엌에 들어가 본 종이 아뢰길 솥에 이끼가 잔뜩 끼었다고 하였다. 이상히 여긴 선친이 그 까닭을 여쭙자, 선생이 대답했다.

"길이 엿새 동안이나 막혀 집에서 사람이 오지 못했네. 밥을 먹은 지 오래되어 솥에 이끼가 낀 모양일세."

선친이 선생의 얼굴을 올려다보았으나 조금도 굶은 기색이 없었다 한다.6-

어느 날 화담 가를 산책하던 선생은 물속의 작은 고기를 보고 호강의 다리 위에서 장자와 혜자가 논쟁한 이야기7-를 떠올렸다. 선생이 종이를 조금 잘라 뭐라고 써서는 물속에 던지니 길이가 세 치쯤 되는 물고기가 뛰어올라 돌 위에 떨어졌다. 선생은 물고기를 주워 살펴본 뒤 빙그레 웃고는 다시 물로 돌려보내며 중얼거렸다.

4_ 우리 선친: 허균의 부친 허엽(許曄, 1517~1580)을 가리킨다.
5_ 화담: 서경덕이 은거했던 곳으로, 개성의 동쪽에 있다.
6_ 우리 선친은~기색이 없었다 한다: 원주에 출전을 『무명씨집』으로 밝히고 있다. 『무명씨집』은 허균의 문집 『성소부부고』이다.

"과연 옛사람의 말이 틀리지 않구나."

그때 선생은 한창 『장자』「추수편」을 읽고 있었다. 선친8_은 어릴 때부터 선생의 문하에서 수업해 그 일을 직접 목도하고 늘 말씀하곤 하셨다.

또 선생의 아우 숭덕(崇德)이 일찍이 산과 강을 유람한 지 10년 만에 돌아왔다.

선생이 물었다.

"오랫동안 명산(名山)을 유람하더니, 그래 이인(異人)은 만났느냐?"

"일찍이 이인을 만나 기이한 술법을 배웠습니다. 형님께 작은 술법을 하나 보여 드리지요."

그러고는 물 한 동이를 앞에 놓고 대나무 낚시를 던져 한 자 반쯤 되는 금붕어를 낚아 올렸다. 선생이 웃으며 말했다.

"그게 끝이냐? 나도 하나 보여 줄까?"

그러고는 동이에 대나무 낚시를 던져 황룡 한 마리를 낚아 올렸다.

"내가 이런 술법을 모르는 게 아니다. 다만 하지 않을 뿐이지."

그즈음 한 승려가 선생의 높은 풍모를 듣고 지리산에서 찾아와 말했다.

7_ 호강의~이야기: '인간이 물고기의 즐거움을 아는 것이 가능한가'를 주제로 장자(莊子)와 혜자(惠子) 사이에 오간 논쟁. 『장자』「추수편」(秋水編)에 나온다. 장자가 호강의 다리 위를 거닐다 "물고기가 물속을 조용히 노니네. 저것이야말로 물고기의 즐거움이지"라고 하자, 혜자가 "자네가 물고기가 아닌데 물고기의 마음을 어찌 아느냐"고 묻는다. 이에 장자는 "자네가 내게 물고기의 즐거움을 어찌 아느냐고 묻는 것은 이미 내가 그것을 안다고 여겨 묻는 것이네. 나는 지금 이 다리 위에서 저 물속의 물고기와 일체가 되어 마음으로 그 즐거움을 알고 있는 것이네"라고 답한다.

8_ 선친: 차천로의 부친 차식.

"선생께서는 도(道)가 높으신 분이라 들었습니다. 소승 또한 피안9_의 세계를 조금은 아니, 선생과 수마10_를 쫓는 일을 겨뤄 보고 싶습니다."

선생이 말했다.

"어디 상대해 봅시다."

눈을 붙이지 않고 열흘하고 닷새가 지나자 승려는 극도의 피로를 느끼며 쓰러졌고, 사흘이 지난 뒤에야 겨우 일어날 수 있었다.

그러나 선생은 그 뒤로 수십 일을 더 자지 않았을 뿐더러, 또 그 후로도 먹고 자는 일이 평소와 똑같았다. 승려는 완전히 승복하고는 가까운 산에 오두막을 짓고 나물과 과일을 재배해 선생에게 바쳤는데, 날짜를 잘 요량하여 끼닛거리가 떨어지지 않게 하였다. 그리고 3년이 지난 뒤 떠나갔다.

선생은 일찍이 천하에 세 가지 도(道)가 있는데 유학이 최상이요, 불도(佛道)가 그 다음이요, 선도(仙道)가 또 그 다음이며, 배움의 순서 또한 그러하다고 말씀했다. 또 선생은 우리 선친에게 말하길 통달한 자에게 삶과 죽음은 아침이 가고 저녁이 오는 것처럼 일상적인 것이라고 하며, 자신이 죽을 날이 하루가 급하니 세상에서 하루를 보내는 것이 마치 1년을 보내는 것 같다고

9_ 피안(彼岸): 산스크리트 어인 'Paramita'의 번역어로, '강 저쪽 언덕'이라는 뜻이다. 세속을 초월한 세계를 뜻한다.
10_ 수마(睡魔): 참선할 때 밀려드는 견디기 힘든 졸음을 악마에 비유한 말.
11_ 장횡거(張橫渠): 북송의 철학자 장재(張載, 1020~1077). 기일원론(氣一元論)을 주창했다. 소옹과 더불어 서경덕의 학문에 영향을 주었다.

했다 한다. 또 자신은 장횡거11_와 같은 나이에 죽을 것이라고 했는데, 과연 58세에 세상을 떠나셨다. 박지화12_가 선생께 가장 오래 배워 자못 선생의 도(道)를 터득하였다.13_

치재 홍인우14_는 늘 말하기를, "천하의 모든 진리는 각기 한 푼어치의 차이밖에는 없으니 큰 것을 아는 자는 작은 것에도 능하지 않은 것이 없다. 화담은 평생 학문을 업으로 삼아 의술에서 잡술에 이르기까지 두루 통달하여 알지 못하는 것이 없었으니 어찌 큰 것을 아는 자의 극치가 아니겠는가?"라고 하였다. (…)

12_ 박지화(朴枝華): 1513~1592. 서경덕의 문인으로 유·불·선 모두에 조예가 깊었고, 특히 기수학(氣數學)에 뛰어났으며, 예서(隸書)에 정통했다. 임진왜란이 일어나자 백운산으로 피난 갔다가, 일본군이 닥치자 두보의 시를 한 편 써 나뭇가지에 걸어 놓고 물속에 투신하여 죽었다.

13_ 어느 날 화담 가를~도(道)를 터득하였다: 원주에 출전을 차천로의 『오산설림』으로 밝히고 있다.

14_ 홍인우(洪仁祐): 1515~1554. 치재(恥齋)는 그 호. 사마시에 합격했으나 벼슬에 뜻이 없어 대과는 응시하지 않고 학문에 전심했다. 당시의 거유(巨儒) 노사신(盧思愼)도 그에게 학문을 물었으며, 만년에는 의서(醫書)를 연구해 부친의 병을 치료하기도 했다고 한다.

물고기가 물에서 노니는 것은 그 천성을 즐기는 것이요, 장자가 물고기의 즐거운 마음을 아는 것은 너와 나〔物我〕의 구별을 잊고 물고기와 하나가 되었기 때문이다. 그것이 곧 장자가 말하는 참된 세계다. 이 글에는 벼슬길을 마다하고 생애의 대부분을 재야에 머물며 진리 탐구에 매진해 도(道)를 깨달은 서경덕의 면모가 잘 드러나 있다.

외국어 천재 정렴

　　정렴의 자(字)는 사결(士潔)이고, 호는 북창(北窓)이며, 중종 때 사람이다. 태어날 때부터 신비롭고 기이하였다. 젊을 때 산사(山寺)에서 선가(仙家)의 육통법1을 시도해 고요히 관(觀)한 지 사흘 만에 산 너머 백 리 밖의 일까지 꿰뚫어 알게 되었다. 이로부터 천문, 지리, 의약, 복서(卜筮 : 점), 율려(律呂 : 음악), 산수(算數), 중국어와 다른 외국어에 이르기까지 배우지 않고도 저절로 통달하였다. 생각해 본 적 없는 천 리 밖의 일이라도 일단 생각만 하면 곧바로 알았다.

　　훗날 중국에 가 봉천전2 뜰에서 도사(道士)를 만났는데, 도사가 선생에게 물었다.

　　"조선에도 도(道)를 찾는 자가 있소이까?"

　　선생은 짐짓 이렇게 대답했다.

　　"우리나라에는 삼신산(三神山)이 있어 대낮에도 신선이 승천하는 것을 아무렇지 않게 볼 수 있는데, 도사가 귀할 게 뭐 있겠습니까?"

　　도사는 매우 놀라며 말했다.

　　"어떻게 그럴 수가 있습니까?"

1_ 육통법(六通法): 불교에서 말하는 육신통(六神通)을 말한다. 완전한 삼매에 들었을 때 얻어지는 신통력으로, 어느 장소나 마음대로 갈 수 있는 여의통, 무엇이든 꿰뚫어 볼 수 있는 천안통, 모든 소리를 분별해 알아들을 수 있는 천이통, 다른 사람의 마음을 읽을 수 있는 타심통, 자신의 전생을 볼 수 있는 숙명통, 모든 번뇌를 소멸하고 이 세상에 다시 태어나지 않는다는 것을 깨닫는 누진통의 여섯 가지다.

2_ 봉천전(奉天殿): 중국의 자금성 내에 있는 건물로, 주로 황제의 집무실로 쓰였다. 정렴 당시 중국은 명나라 가정제(嘉靖帝, 재위 1521~1566) 때로, 가정제는 도교에 심취하여 도사들이 수시로 황궁을 출입했다.

선생이 『황정경』·『참동계』·『도덕경』·『음부경』[3] 등의 경전을 들어 가며 신선이 되는 경로를 자세히 말해 주니, 도사는 부끄러워하며 슬그머니 피해 버렸다.

그때 유구[4]에서 온 사신(使臣)이 있었는데 그 또한 이인(異人)이었다. 그는 자기 나라에서 『주역』의 숫자로 점을 치다가 중국에 가면 진인(眞人)을 만나게 된다는 것을 알았다. 그래서 그 길로 물어물어 북경에 도착한 뒤, 여러 나라 사람이 묵는 숙소를 두루 찾아다녔으나 그때까지 진인을 만나지 못하고 있던 차였다. 그는 선생을 보고는 소스라치게 놀라며 자기도 모르게 절하고 나서, 지니고 있던 보따리를 뒤져 작은 책자를 꺼내 보여 주었다. 거기엔 '아무 해 아무 달 아무 날 중국에 가면 진인을 만날 것이다'라고 씌어 있었다. 그걸 북창에게 보여 주며 이렇게 말했다.

"선생께서 진인이 아니라면 누가 진인이겠습니까?"

그러고는 역학(易學)에 대해 가르쳐 줄 것을 청했다. 그러자 선생은 그 자리에서 즉시 유구어로 그를 가르쳤다. 여관에 있던 여러 나라 사람들이 듣고 다투어 와서 선생을 만났다. 선생이 묻는 사람들에게 각각 그 나라 사람 말로 척척 응대하니, 모두 놀라 하늘에서 온 사람이 틀림없다고 생각하였다. 어떤 사람이 선생에게 물었다.

3_ 『황정경』·『참동계』·『도덕경』·『음부경』: 모두 도가의 경전들이다.
4_ 유구(琉球): 지금의 오키나와(沖繩).

"세상에는 새와 짐승의 소리를 알아듣는 사람이 있습니다. 다른 나라 말이란 결국 새나 짐승의 소리와 같은 것이라 할 수 있으니 알아듣는 것은 혹 가능할지 모르겠습니다. 그러나 말을 하는 것은 다르지 않습니까?"

"나는 듣고 나서 아는 것이 아니라 이미 오래전에 모두 알고 있었소."

선생은 삼교(三教)에 두루 통달하였지만 성인의 학문5_을 배움의 근본으로 삼았으니, 남기신 말씀은 오직 부모에게 효도하고 어른을 삼가 공경하는 데 힘쓰라는 것이었다. 또한 『소학』(小學)과 『근사록』6_이 초학자(初學者)에게 배움의 지름길이 된다고 하셨다. 일찍이 이런 말씀도 하셨다.

"성인의 학문은 인륜을 중시하므로 요체라든가 미묘한 것에 대해선 논하지 않는다. 선도(仙道)와 불교는 오로지 마음을 닦고 본성(本性)을 깨닫는 것을 근본으로 삼으므로 깊고 높은 이치는 많으나 자잘한 인간사에 관한 내용은 거의 없다. 이렇듯 삼교가 다 다르지만 그중 선도와 불교는 대동소이하다."

선생은 육식을 즐기지 않았으나 술은 잘 마셔 두세 말을 마셔도 취하지 않았다. 또 휘파람을 잘 불었다. 언젠가 금강산 꼭대기에 올라 휘파람을 부니 그 소리가 바위 골짜기를 울렸다. 산사의 중들이 놀라 무슨 피리 소리인가 여겼는데, 나중에 알고 보

5_ 성인(聖人)의 학문: 공자의 학문, 즉 유학을 말한다.
6_ 『근사록』(近思錄): 송나라 때 주희가 편찬한 유학의 지침서.

니 선생이 분 휘파람 소리였다.

　　조정에서는 선생이 천문·의약·음률에 밝다 하여 장악원 주부7_ 및 관상감과 혜민서의 교수8_로 선생을 천거했다. 조정에서 물러나서는 포천현감이 되었다가 오래지 않아 관직을 버리고 양주 괘라리에 들어가 살았는데, 깊숙이 숨어 세상과는 발을 끊고 연단화후법9_을 익혔다.

　　하루는 스스로 자신에 대한 만가(挽歌)를 지어 불렀다.

　　한평생 만 권 책 독파하고,
　　하루에 천 동이 술 마셨지.
　　고고하여 복희씨 이전 일 논하고,
　　속된 말 입에도 담지 않았네.
　　안회는 서른에 아성(亞聖)이라 불렸는데,
　　선생10_의 목숨은 어찌 그리 길었나.

　　그러고는 앉은 채로 돌아가시니 44세였다. 세상 사람들은 선생이 나면서부터 말을 할 줄 알았고, 대낮에도 그림자가 없었다고들 한다.11_ (…)

7_ 장악원 주부: 장악원(掌樂院)은 궁중 음악과 무용에 관한 일을 담당하는 부서이며, 주부(主簿)는 장악원의 종6품 벼슬이다.
8_ 관상감과 혜민서의 교수: 관상감(觀象監)은 천문과 지리에 관한 사무를, 혜민서(惠民署)는 의약 및 일반 서민의 치료를 맡아보던 관청이다. 교수(敎授)는 교육을 담당하는 잡학 기술관직이다.
9_ 연단화후법(鍊丹火候法): 단학 수련에서 단전을 단련하고 기(氣)를 움직이는 법.
10_ 선생: 자신을 가리킨다.
11_ 정렴(鄭磏, 1506~1549)의 자는~없었다고들 한다: 원주에 출전을 『본집』(本集)이라 하였다. 『본집』은 정렴의 『북창집』(北窓集)을 말한다.
12_ 견성(見性): 불교에서 진리를 깨쳐 부처가 되는 것.

『명신록』에 따르면, 공(公)은 본래 몸이 허약하였다. 늘 스스로 병에 따라 그때그때 하인에게 아침저녁 약을 달리 쓰게 하되 아침에는 물을 마시기 전까지 입을 꼭 다물고 바로 앉아 해가 뜨면 비로소 입을 열어 기운을 내보냈고, 밤에도 올연하고 단정하게 앉아 새벽까지 잠자지 않았다. 이렇듯 열심히 수련에 힘썼을 뿐 아니라, 마음을 높고 밝게 하며 의리를 깊게 하였다. 또 선배들은 선생이 성리(性理)를 터득한 참군자라 일컬었다. 성(性)과 이(理)란 무엇인가? 그 진리를 다 살핀 자는 어떤 사람인가? 맹자(孟子)께서는 성(性)을 알면 하늘을 아는 것이라고 하셨다. 하늘을 안다면 무슨 일인들 모르겠는가! 혹 어떤 이는 선생이 견성[12]한 사람이 아닌가 여겼지만, 그것은 아니다.

내가 듣기에 선인(先人)들은 이렇게 말했다고 한다.

"천하에 신선이란 게 없으면 그만이지만, 있다면 틀림없이 북창일 것이다."

흔히 '북창 선생'으로 불리는 정렴은 도가 수련서 『용호비결』(龍虎秘訣)의 저자로 알려져 있다. 의학에 정통했고, 외국어에 신통한 재능이 있었다고 한다. 을사사화 후 그는 세상에서 벗어나는 길을 택한다. '구름 속 학 같은 풍신'을 지녀 도인다운 풍모가 있었다고 전한다.

술수에 능했던 전우치

전우치는 여러 가지 잡기와 술수에 능했으며, 글도 잘 지었다. 한번은 전우치가 신광한[1]의 집에 들렀는데 때마침 송기수[2]도 와 있었다. 신광한이 송기수를 돌아보며 말했다.

"자네, 이 손님을 아는가? 우사[3] 전 군(田君)이 바로 이 사람일세."

"늘 책 속의 사람처럼 명성만 들어 왔는데, 이렇게 뒤늦게 보게 되다니요!"

신광한이 전우치에게 말했다.

"자네, 재미 삼아 이 친구에게 재주 하나 보여 주지 않겠나?"

전우치가 웃으며 대답했다.

"무어 재미있는 게 있어야지요."

잠시 뒤, 안에서 물에 만 점심밥을 내왔다. 전우치가 밥을 먹다가 뜰을 향해 밥알을 내뿜으니 모두 흰나비가 되어 팔랑팔랑 날았다.

또 한번은 친구 집에 여럿이 모여 술을 마시는데, 앉아 있던 사람들이 물었다.

1_ 신광한(申光漢): 1484~1555. 중종·명종 때의 문신.
2_ 송기수(宋麒壽): 1506~1581. 명종 때의 문신.
3_ 우사(羽士): 도교의 도사를 달리 일컫는 말. 선인은 날개가 있다고 하여 '날개 우(羽)' 자를 썼다.

"자네, 하늘의 복숭아를 얻을 수 있는가?"

"어려울 게 뭐 있겠나?"

그러고는 종에게 가느다란 새끼줄 수백 발을 가져오라 하고, 그 다음에는 어린아이 한 명을 데려오라고 했다. 전우치가 새끼줄을 공중을 향해 던졌다. 새끼줄은 높이 솟아 구름 속으로 들어가더니 한쪽 끝이 아래로 간들간들 늘어졌다. 전우치는 아이에게 줄을 타고 올라가라고 했다.

"새끼줄 끝에 푸른 복숭아가 많이 달려 있을 것이다. 따서 내려보내거라."

앉았던 사람들이 모두 나와 쳐다보니, 줄을 타고 올라가는 아이의 모습이 공중으로 점점 사라지는 것이 보였다. 한참 뒤 푸른 복숭아가 잎까지 달린 채 뜰로 마구 떨어져 내렸다. 너도나도 다투어 집어 들어 한 입씩 베어 무니 단물이 줄줄 흐르는 것이 이 세상의 복숭아 맛이 아니었다. 그때였다. 갑자기 하늘에서 붉은 핏방울이 뚝뚝 떨어졌다. 전우치가 놀라며 말했다.

"복숭아 하나 먹으려다 쓸데없이 어린 목숨을 하나 잃었구나."

사람들이 이상하게 생각하고 물으니, 전우치가 대답했다.

"복숭아를 지키는 자가 하느님께 일러바쳐 그 아이를 죽인 것이 틀림없네."

그 순간 공중에서 팔뚝 하나가 땅으로 떨어지고 이어서 다른 팔뚝 하나가 떨어지더니 두 다리와 몸통, 머리가 차례로 떨어졌다. 경악한 사람들은 모두 얼굴빛이 싹 변했다. 그때 전우치가 천천히 뜰로 걸어 내려가 사체(死體)를 수습하여 잇대 놓는 듯하더니, 잠시 뒤 아이가 벌떡 일어나 비슬비슬 걸어갔다. 앉아 있던 사람들은 서로 바라보며 크게 웃었다.

전우치는 뒷날 좌술4_을 가지고 민중을 현혹시켰다는 죄목으로 신천5_에서 체포되어 감옥에서 죽었다. 태수가 사람을 시켜 매장했는데, 친척이 무덤을 파서 이장(移葬)하려고 관을 열어 보니 텅 비어 있었다.6_

(…) 선친7_께서 말씀하시길, 하루는 전우치가 와서 『두공부시집』8_을 빌려 달라고 하기에 빌려 주었는데, 알고 보니 그때는 이미 그가 죽은 지 오래되었을 때였다고 하셨다.

또 임제는 늘 이런 말을 했다.

"일찍이 어떤 중을 만나 그가 지닌 시축(詩軸)을 보다가 구십자(口十子)라는 이가 쓴 시가 있어 이상한 생각에 물으니 중이 대답하기를, 얼마 전에 산사(山寺)에서 한 선비를 만났는데 자기 호가 구십자라고 하면서 그 시를 써 주고 갔다는 것이었네."

대개 '전'(田) 자를 파자(破字)하면 '구'(口)와 '십'(十)이 되니, '구십자'는 전우치일지도 모른다. 세상에 전하기를, 전우치

4_ 좌술(左術): 사람을 현혹시키는 바르지 못한 술수.
5_ 신천: 황해남도 신천(信川).
6_ 전우치(田禹治)는 여러 가지~텅 비어 있었다: 원주에 출전을 『어우야담』으로 밝히고 있다.
7_ 선친: 차천로의 부친 차식을 말함.
8_ 『두공부 시집』(杜工部詩集): 두보의 시집을 말한다.
9_ 선친께서 말씀하시길~있다고 한다: 원주에 출전을 『오산설림』으로 밝히고 있다.
10_ 『무명씨집』: 허균의 『성소부부고』.

는 죽지 않아 지금도 왕왕 그를 만나는 자가 있다고 한다.9_ (…)

『무명씨집』10_에 이런 말이 있다.

"사람들은 전우치가 신선이 되었다고 하는데, 그의 시는 매우 맑고 초탈하다. 일찍이 삼일포에서 노닐다가 지은 시에 다음과 같은 것이 있다.

늦가을 연못엔 서리가 맑고
바람에는 피리 소리 들려오네.
난새는 오지 않고 해천(海天)은 넓은데
서른여섯 봉우리 위 가을 달만 밝네.

전우치의 도술이 기이하다. 16세기 중엽 세간에 유명했던 방술가(方術家) 전우치. 그의 이야기는 「전우치전」(田禹治傳)으로 소설화되어 더욱 유명하다.

전우치를 잡은 윤군평

　윤군평은 서울 사람으로, 젊어서 무예를 익혔다. 군관(軍官)이 되어 북경으로 가던 도중 이인(異人)을 만나 『황정경』을 전수하고 도가(道家)의 신선술을 익혔는데, 한때 전우치와 더불어 도술이 가장 높았다. 80여 세가 되어 죽었는데, 시체가 빈 옷처럼 가벼우니 사람들은 그가 시해1_를 했다고 믿었다. 아들 윤임도 도술이 있었는데 향년 90세로 세상을 떴다.2_
　윤임은 일찍이 다음과 같이 말했다.
　"선친께서는 항상 사람들이 지나치게 배불리 먹는 것을 경계하셨으니, 모든 질병은 음식을 절제하지 못해 생긴다고 하셨다. 또 항상 차가운 쇳조각 네 개를 양쪽 겨드랑이에 끼워 놓으셨는데, 잠깐 사이에 불에 달군 것처럼 뜨거워졌다. 그래서 쇳조각을 번갈아 가며 끼워 놓아야 편히 지낼 수 있었고, 그러지 않으면 불편해하셨다. 추위와 더위를 가리지 않고 목욕을 즐기셔서 늘 어깨와 등을 차게 하셨는데, 동짓날에도 우물물을 한 동이나 등에 쏟아붓곤 하셨다. 돌아가시는 날까지 병 없이 살다 가셨다."3_

1_ 시해(屍解): 시체에서 영혼이 이탈하는 것을 말한다.
2_ 윤군평(尹君平)은~세상을 떴다: 원주에 출전을 『지봉유설』로 밝히고 있다.
3_ 윤임(尹霖)은 일찍이~살다 가셨다: 원주에 출전을 이제신(李濟臣, 1536~1584)의 『청강쇄어』(淸江瑣語)로 밝히고 있다. 이제신은 조선 명종 때의 문신이다.
4_ 옛날에 섭법선은~청성왕로를 두려워했다: 섭법선(葉法善), 장과(張果), 청성왕로(靑城王老)는 모두 중국 당나라 때의 도사들이다.

어떤 사람은, 전우치가 좌술(左術)로 민중을 현혹시키니 관가에서 잡으려 했으나 잡지 못하다가 윤군평에게 잡아들이게 하였다고 한다. 옛날에 섭법선은 장과를 두려워했고, 장과는 청성왕로를 두려워했다.[4] 전우치 또한 앉은 자리에서 사라지는 재주를 가졌으면서도 윤군평에게 붙잡혔으니, 이 어찌 작은 무당과 큰 무당의 차이가 아니겠는가?

고전 소설 「전우치전」에는 도술을 자랑하려는 전우치의 알량함을 여러 차례 혼내 주는 윤군평의 일화들이 흥미롭게 그려져 있다. 세상에는 늘 자신보다 한 수 위인 사람이 있게 마련이다.

임진왜란을 예언한 남사고

남사고는 울진 사람이다. 『주역』을 깊이 연구하더니 천문, 풍수지리, 점술을 환하게 터득해 무슨 일이든 신기하게 알아맞혔다. 향시(鄕試)에 거듭 응시하면서도 번번이 급제하지 못하니, 친구들이 모두 이렇게 말했다.

"자네는 다른 사람의 운명은 잘 점치면서, 자기 운명은 헤아리지 못해 해마다 헛수고를 하니 어찌 된 건가?"

남사고는 웃으며 대답했다.

"사사로운 욕심에 눈이 어두웠던 게지."

말년에 천문교수1_로 서울에 있을 때였다. 태사성2_의 빛이 희미해지니 늙은 관상감 정3_ 이번신(李蕃臣)이 자신이 죽을 때가 되었나 보다고 말했다. 그러자 남사고가 웃으며 말했다.

"제가 죽을 것입니다."

과연 몇 달 뒤 남사고는 병으로 죽었다.4_

남사고가 젊을 때 책 상자를 끌고 불영사5_로 가는 길에 바랑을 짊어진 채 길 옆에 서 있는 중을 만났다. 중이 남사고에게 말했다.

"빈도의 짐이 무거워 걸을 수가 없습니다. 제 짐도 같이 좀

1_ 천문교수(天文敎授): 조선 시대 천문에 관한 일을 맡아보던 관청인 관상감의 종6품 벼슬.
2_ 태사성(太史星): 천문 담당관을 상징하는 별.
3_ 관상감 정(正): 관상감의 정3품 벼슬.
4_ 남사고(南師古, 1509~1571)는 울진 사람이다~병으로 죽었다: 원주에 출전을 『무명씨집』으로 밝히고 있다. 『무명씨집』은 허균의 『성소부부고』.
5_ 불영사(佛影寺): 경상북도 울진의 천축산에 있는 절.

옮겨 주시겠습니까?"

남사고는 흔쾌히 부탁을 들어주었다. 둘은 함께 절에 도착해 며칠 동안 부용성6-에서 노닐었다.

"빈도가 바둑을 좀 둘 줄 압니다. 저와 내기 바둑 한 판 두지 않으시겠습니까?"

"좋습니다."

그리하여 두 사람은 소나무 아래서 바둑을 두었다. 바둑을 절반쯤 두었는데 중이 갑자기 큰 소리를 내지르더니 돌연 보이지 않았다. 한참 뒤 코끝부터 보이기 시작해 점차 본모습이 드러났다.

"두렵지 않소이까?"

남사고가 웃으며 대답했다.

"두려울 게 무어 있겠습니까?"

중이 기뻐하며 말하였다.

"빈도가 짐을 남에게 부탁한 것이 여러 번이었으나, 그때마다 매번 회초리를 맞았지요. 그러나 선생께선 흔쾌히 들어주셨소. 술수로 남을 놀라게 한 적도 여러 번이었으니 그때마다 놀라지 않는 사람은 없었소. 한데 선생은 두려워하지 않으니 가르칠 만하겠소이다."

그리하여 중은 남사고에게 비술(秘術)을 전해 주면서 이렇

6_ 부용성(芙蓉城): 불영사 서쪽에 있음.

게 말했다.

"선생은 참으로 비범한 사람이오. 도(道)를 배워 수행하면 높고 원대한 사람이 될 수 있으니 부지런히 힘쓰시오."

중은 말을 마치고 떠났다.

남사고는 이때부터 현묘한 이치를 훤히 보아 말과 행동에 신통한 효험이 있었다. 한번은 영동(嶺東)을 지나다가 문득 하늘을 올려다보고는 크게 놀라 말에서 떨어진 일이 있는데, 이렇게 말했다.

"오늘 조선을 해칠 자가 태어나는구나."

바로 그날 도요토미 히데요시가 태어났다고 한다. 또 한번은 하늘의 운기(雲氣)가 맑은 것을 보고 점을 치더니 동쪽을 향해 주문을 외우며 이렇게 말했다.

"살기(殺氣)가 등등하니 나쁜 징조다."

그리고 사람들에게 이렇게 일러 주었다.

"임진년에 반드시 대규모의 왜구가 침범할 것이오. 나는 보지 못할 것이나 여러분은 조심하시오."

남사고가 죽고 나자 과연 그 말이 맞았다.[7]

(…) 남사고는 일찍이 이인(異人)을 만나 참된 도리를 터득해 마침내 비술을 통달하였다고 한다.

---

[7] 남사고가 젊을 때~그 말이 맞았다: 원주에 출전을 『오산설림』으로 밝히고 있다.

남사고가 일찍이 임진년에 백마(白馬) 탄 자가 남쪽 바다를 건너오면 나라가 거의 망할 것이라고 했는데, 뒷날 왜장(倭將) 가토 기요마사가 과연 백마를 타고 왔다. 또 5천 년 안에는 병화(兵火)가 나더라도 태백산까지는 이르지 않는다고도 했다. 남사고의 손자가 옛날 남사고가 살던 터에 여전히 살고 있다고 태백산의 중 혜능(惠能)이 말했다.

남사고의 예언은 신통하게 꼭 들어맞았다고 한다. 그래서인지 『남사고 비결』이니 『남사고 참서』니 하는 책들이 종종 세간에 떠돌았던 것으로 보인다.

서경덕의 제자 박지화

학관1_ 박지화의 자는 군실(君實)이고, 호는 수암(守菴)이다. 일찍이 서화담에게 배웠다. 젊어서부터 명산(名山)을 돌아다녔으며, 곡기를 끊고 솔잎만 먹었다. 학자들과 산사(山寺)에 기거할 때는 베옷 한 벌로 달포를 지냈는데, 보름은 왼쪽으로 누워 자고 보름은 오른쪽으로 누워 자니 베옷이 주름 하나 없이 늘 새로 다린 것 같았다. 유·불·도 세 방면에 모두 뛰어났고, 예서(禮書)를 깊이 탐구했다. 치밀하고 박학하여 문장에 능했는데, 시(詩)와 문(文)에 모두 뛰어났다. 부마(駙馬) 광천위2_의 만사를 지었는데, 시인 정지승3_이 그것을 보고 칭송해 마지않으며 "이 분은 세상에서의 문벌은 낮으나, 문단에서의 지위는 가장 높다"고 했다. (…)

70세가 넘어 금강산을 유람했는데, 천만 길 낭떠러지 사이를 훌쩍 뛰어넘을 뿐 아니라 걸음걸이가 나는 듯하였으니 산승(山僧)들이 모두 신기하게 여겼다. 성안에 살 때는 문을 닫은 채 가부좌를 틀고 종일토록 방에 앉아 있으니, 집 안이 마치 산속처럼 고요했다.

임진년에 왜구가 서울을 침입하자 친구 정굉(鄭宏)과 함께

1_ 학관(學官): 이문학관(吏文學官). '이문'(吏文)이란 중국과의 외교 문서에 쓰던 특수한 관용 문체다. 박지화는 이문학관에 임명되었으나 나가지 않았다.
2_ 광천위(光川尉): 김인경(金仁慶, 1514~1583). 중종의 딸 혜순 옹주와 혼인하여 광천위에 봉해졌다.
3_ 정지승(鄭之升): 자는 자신(子愼), 호는 총계당(叢桂堂). 박지화는 일찍이 북창 정렴과 교유하였는데, 정지승은 바로 정렴의 조카다.

백운산4_ 사탄촌으로 피난을 갔다. 왜구가 백운산까지 밀어닥치자 정굉은 가족을 이끌고 백운산을 떠났는데, 박지화는 정굉에게 이렇게 말했다.

"나는 늙고 병들어 따라갈 수가 없으니, 나중에 다시 이곳에 와서 나를 찾게나."

며칠 뒤 왜구가 퇴각하자 정굉은 다시 박지화를 찾아갔다. 그러나 사람은 보이지 않고 계곡의 나뭇가지에 작은 종이만 매달려 있었다. 종이를 펴 보니 두보의 오언 율시(五言律詩) 한 수가 씌어 있었다. 박지화는 돌을 안고 스스로 나무 밑 물속에 빠져 죽은 것이었다. 두보의 시5_는 다음과 같다.

> 서울은 구름 낀 산 너머
> 편지 한 장 오지 않네.
> 마음은 시인과 함께해도
> 고향 그리는 몸 힘이 다했네.
> 병들어 쇠잔한 몸 강변에 누웠으니
> 날은 저물고 친구는 돌아갔구나.
> 백구(白鷗)는 원래 물 위에 살았으니
> 아무 남은 슬픔 없으리.

4_ 백운산(白雲山): 경기도 포천의 백운산.
5_ 두보의 시: 제목은 「구름 낀 산」(雲山)으로, 두보가 성도(成都)에 피난 가 있을 때 고향을 그리며 지은 시다.

이 시를 보면 박지화의 일과 모든 것이 꼭 들어맞으니 정말 박지화 자신의 만사 같다.

정굉은 박지화의 시체를 건져 풀로 덮어 수습해 주고 떠났다. 어떤 사람은 그가 혹 수해6-를 한 것이 아닌가 여긴다. 도가(道家)의 서적에 따르면, 시해(屍解)에는 금(金)·목(木)·수(水)·화(火)·토(土)의 다섯 가지가 있다고 한다.7-

제호(霽湖) 양경우의 문집에 다음과 같은 내용이 있다.

"박지화가 일찍이 왜구를 피해 포천으로 내려간 적이 있었는데, 그때 이미 나이 칠십이 넘었다. 산으로 도망가 숲 속에 숨어 생활하던 중, 하루는 사람들에게 '내가 이 나이에 뭣하러 구차히 살려고 버둥대는가?' 하고는 집안사람을 시켜 옷을 빨게 하고는 날을 정해 자결하기로 마음먹으니 옆의 사람들도 감히 그 뜻을 막지 못했다. 죽기로 한 날이 되자 깨끗한 옷을 입고 산 아래로 내려가 깊은 연못가에 다다라서는 소나무 아래를 거닐었다. 저물녘에 사람들이 찾아가 보니 못 가운데 두 손을 모으고 단정히 가부좌를 틀고 앉았는데 몸이 전혀 기울지 않았다. 사람들이 안아서 꺼내 연못가에 임시로 매장하였다."

택당 이식의 문집에는 다음과 같은 말이 있다.

"박지화는 박학하여 글을 잘 지었으며, 성리학에도 조예가

6_ 수해(水解): 물속에서 영혼이 이탈해 신선이 되는 것을 말한다.
7_ 학관 박지화(朴枝華, 1513~1592)의 자(字)는~있다고 한다: 원주에 출전을 『어우야담』으로 밝히고 있다.

깊었다. 서기(徐起, 1523~1591)라는 자가 있는데 그 또한 신분이 천했지만 경전(經典)에 밝아 여러 사람을 가르쳤다. 두 사람은 산수 간에 노니는 것을 좋아해 명산(名山)에 은거했으며, 둘 다 서화담의 제자였다. 세상 사람들은 박지화는 신선이 되었다고 여겼고, 서기는 앞을 내다보는 술수를 터득했다고 여겼다. 듣자니 서화담의 풍도(風度)가 대개 이와 같았다고 한다."

박지화는 서얼 출신으로 서경덕의 제자다. 나이 든 선비들까지도 그를 존경하여 찾아가 학문을 물을 만큼 비범했다고 한다. 스스로 택한 초연한 죽음이 인상적이다.

물의 신선 이지함

　　이지함의 자는 형백(馨伯)이고, 호는 토정(土亭)이다. 어려서 고아가 되어 형에게 배웠다. 모산수[1]의 집에 데릴사위로 간 바로 다음 날 처가집을 나와 집으로 돌아왔는데, 도포를 입지 않고 왔기에 집안 식구들이 그 까닭을 물으니 이렇게 말했다.
　　"거지 아이들이 병들어 추위에 떠는 것을 보고 도포를 잘라 세 아이에게 나눠 주었습니다."
　　그 말을 들은 사람들은 이상하게 여겼다.
　　이지함은 경전과 문집을 꿰뚫어 모르는 것이 없었고, 붓을 들면 물이 샘솟는 것처럼 글을 지었다. 이웃에 새로 문과에 급제한 사람이 있는 것을 보면 속으로 업신여겼고, 과거 시험장에 들어가 글을 짓지 않고서도 대수롭지 않게 여겼으며, 또 글을 지었어도 바치지 않았다. 사람들이 책망하며 그 까닭을 물으면 이렇게 대답했다.
　　"사람마다 다 저 즐기는 바가 있듯, 나는 이런 일을 즐깁니다."
　　맨손으로 생계를 도모한 지 몇 년이 안 돼 곡식이 수만 석 쌓였다. 또 해안으로 가 박을 심어, 박이 자라자 그것을 갈라 표주

---

[1] 모산수(毛山守): 이정랑(李呈琅). 조선의 2대 임금 정종의 후손이다. 1549년 모반죄로 처형되었다.

박을 만들어 팔아 천 석의 곡식을 벌었다. 그리고 그것을 모두 빈민에게 나누어 주었으니 처자식은 늘 가난했다.

나라 안의 산천은 먼 곳까지 가 보지 않은 곳이 없었다. 때로 추위나 더위를 보내기 위해 어디론가 가곤 했는데, 어딘지는 알 수 없었다. 혹은 10여 일 동안이나 화식(火食)을 하지 않고, 한여름에도 물을 마시지 않고, 베옷에 짚신을 신고 솜옷을 지고 다녔으며, 쇠로 만든 갓을 쓰고 다니다 벗어서 솥으로 쓰기도 하고, 쓰고 나면 씻어서 다시 쓰곤 했다.

공(公)이 조부모 장지(葬地)의 풍수를 보니, 자손 가운데 두 명의 재상이 나오지만 막내가 불길한 운수를 지녔다. 그러자 공은 억지로 자신이 그 재앙을 당하도록 하였다. 뒷날 과연 산해[2]와 산보[3]가 모두 일품(一品) 벼슬에 올랐다.

만력 계유년(1573)에 뛰어난 행적으로 포천현감에 천거되었다가 오래지 않아 벼슬을 버리고 고향으로 돌아가니, 고을의 백성들이 길을 막고 붙들어도 잡을 수가 없었다. 뒷날 아산현감이 되어 벼슬살이 도중에 죽으니 향년 62세였다.

김계휘[4]가 율곡에게 물었다.

"형백은 어떤 사람입니까?"

율곡은 이렇게 대답했다.

"그 사람을 사물에 비하면 진귀한 새요, 기괴한 돌이요, 기

2_ 산해: 이산해(李山海, 1539~1609). 이지함의 조카. 벼슬이 좌의정을 거쳐 영의정에 이르렀다.

3_ 산보: 이산보(李山甫, 1539~1594). 이지함의 조카. 사후(死後) 영의정에 추증되었다.

4_ 김계휘(金繼輝): 1526~1582. 선조 때의 문신.

묘한 꽃이요, 이상한 풀이지요."5_

토정은 배 젓기를 좋아했는데, 어느 날 한 노인이 배를 타고 천천히 떠가는 것을 보았다. 토정은 노인이 범상치 않음을 깨닫고 급히 배를 저어 쫓아갔으나, 종일 있는 힘을 다해도 따라잡을 수가 없었다. 노인이 돌아보고 웃으며 말했다.

"그대의 배 젓는 솜씨는 거기까지일 뿐이오. 내가 배 젓는 방법을 가르쳐 주겠소. 그러면 광풍이 불고 성난 파도가 땅을 휩쓸고 하늘로 솟구칠지라도 끝까지 해를 당하지 않고 순식간에 천 리를 갈 수 있을 것이오."

그때부터 토정은 작은 구유를 타고 네 귀퉁이에 커다란 표주박을 매단 채 세 차례나 제주도로 갔지만 바람이나 파도에 휩쓸리지 않았다. 그리고 마침내 이른바 '미려'6_라는 것을 보기에 이르렀다.

토정은 이런 시를 지은 적이 있다.

만 리 길 행장은 튼튼한 두 다리뿐
한평생 사는 게 표주박처럼 가볍네.

바로 자신의 일생이 이와 같았다.

한번은 우두커니 앉아 혀를 끌끌 차며 이렇게 말했다.

5_ 이지함(李之菡, 1517~1578)의 자(字)는~이상한 풀이지요: 원주에 출전을 『명신록』으로 밝히고 있다.
6_ 미려(尾閭): 바닷물이 끊임없이 새어 나가는 곳으로, 동쪽 바다 밑에 있다고 한다.

"십여 년 후에 나라에 큰 변이 있겠구나. 어떻게 하나, 어떻게 하나?"

그러고는 아내와 자식에게 흙짐을 지고 뒷동산을 오르락내리락하게 하여 몸을 단련시켰다. 임진왜란이 날 것을 미리 알았기 때문이다.

누군가 이런 말도 했다. 토정이 한 친구와 마포 나루에서 배를 띄우더니 순식간에 큰 바다까지 나가서는 어떤 섬에 배를 댔다. 섬은 험한 산봉우리로 첩첩이 둘러싸여 있었는데, 토정이 친구를 돌아보고 말했다.

"자네, 여기서 잠시만 기다려 줄 수 있나? 나는 산속을 잠시 둘러보고 오겠네."

그러고는 언덕을 올라가 버렸다. 친구가 잠시 따라가 그가 올라가는 쪽을 보니 검푸른 절벽이 깎아지른 듯한데 높이가 10여 길은 되어 보였다. 그 위에 아름다운 여인 서너 명이 이리저리 배회하면서 멀리 내려다보기도 하며 누군가를 기다리는 듯하였다. 토정이 단박에 뛰어올라 여인들을 만나 기쁘게 웃다가는 사라졌다. 친구는 무슨 일인지 도무지 짐작할 수도 없어 배로 돌아와 누워 있었다. 잠시 뒤 토정이 와서 말했다.

"기다리느라 고생했네."

친구가 어디 갔었느냐 물으니 토정은 웃기만 할 뿐 대답하지

않았다. 그러고는 노를 저어 돌아오니, 결국 그때 만난 여인들이 누구인지는 알 수 없었다.7_

이율곡이 토정에게 올리는 제문(祭文)에 다음과 같은 글이 있다.
"빽빽이 늘어선 나무 사이에 우뚝하니 솟은 대춘8_이요, 듬성듬성한 풀 속에 빛나는 영지9_니, 기이하구나! 공을 또한 물의 신선〔水仙〕이라고도 부른다."
이식의 문집에는 다음과 같은 글이 있다.
"공은 세상을 피해 높이 거처했는데, 퇴계는 그의 기풍을 높이 사 벗으로 삼았다. 아산(牙山)의 원이 되었는데 간악한 아전을 엄히 단속하다가 어느 날 갑자기 죽었다. 사람들은 독살로 의심하기도 하나, 토정은 사람을 잘 알고 조짐도 잘 알아차렸으며 귀신같은 의지와 기개를 지닌 사람이었으니 흉액을 당해 죽지는 않았을 것이다."

7_ 토정은 배 젓기를 좋아했는데~누구인지는 알 수 없었다: 원주에 출전을 『어우야담』으로 밝히고 있다.
8_ 대춘(大椿): 중국 고대 전설상의 커다란 나무.
9_ 영지(靈芝): 영지버섯. 예부터 불로초로 알려졌다.

이지함은 우리에게 『토정비결』로 잘 알려진 인물이다. 고려 말의 성리학자 이색을 7대 조로 둔 명문가의 후손이면서도 민중과 가까웠던 인물이다. 일찍부터 상업과 어업·유통 경제에 관심을 가졌고, 무엇보다 민중들에게 자급자족의 능력을 기를 것을 강조했으며, 빈민을 구제하는 데 힘을 쏟기도 했다. '토정'이라는 호는 '흙으로 지은 정자'라는 뜻으로, 그가 지금의 마포 강가에 허름한 흙집을 짓고 산 데서 유래한다.

의술에 밝았던 장한웅

산인(山人) 장(張)의 이름은 한웅(漢雄)인데 어느 곳 사람인지는 모른다. 조상 때부터 삼대째 의업에 종사했다. 그의 부친은 일찍이 상륙1_을 먹고 나서 귀신을 보고 부릴 수 있게 되었다. 아흔의 나이에도 마흔 살쯤으로밖에 보이지 않았는데, 집을 나가 어디론가 사라졌다.

부친은 길을 떠나면서 산인에게 『옥추경』2_과 『운화현추』3_ 두 권의 책을 주었다. 산인은 그 책을 수만 번 읽어 아버지처럼 귀신을 부르고 학질(瘧疾)을 치료할 수 있게 되었다. 마흔이 되자 문득 공부를 그치고 집을 나와 지리산으로 들어갔다. 지리산에서 이인(異人)을 만나 연마법4_을 전수하고, 도가의 진리가 적힌 책들을 읽느라 빈 암자에 앉아 3년여 동안 먹지도 않았다.

하루는 산인이 중 두 명과 함께 산골짝을 지나고 있었다. 나무가 빽빽한 숲에 이르자 호랑이 두 마리가 나타나 엎드려 산인을 맞이했다. 산인이 꾸짖는 듯 뭐라 하니 두 마리 호랑이는 귀를 늘어뜨리고 꼬리를 흔드는 것이 마치 목숨을 구걸하는 것 같았다. 산인은 호랑이 한 마리에 올라타고는 두 중을 다른 호랑이 위에 걸터앉도록 했다. 그 길로 절 문 앞에 다다른 두 마리 호랑

1_ 상륙(商陸): 자리공의 뿌리. 이뇨제 및 신장염 치료에 쓰이는 한약재.
2_ 『옥추경』(玉樞經): 독경(讀經)하면 질병을 낫게 한다고 하여 민간에서 가장 많이 읽혔던 도가의 경전. 병굿이나 신굿 같은 큰굿에서도 독송되었다.
3_ 『운화현추』(運化玄樞): 도가의 경전.
4_ 연마법(煉魔法): 귀신을 훈련시키는 기술.

이는 고개를 숙이고 물러갔다.

　18년 동안 산에 살던 산인은 마침내 서울로 돌아와 홍인문(興仁門) 밖에 거주했는데, 나이가 예순인데도 겉모습은 전혀 늙어 보이지 않았다. 이웃에 빈집이 있었는데 흉가라 사람들이 들어가지 못하니, 집주인이 산인을 찾아와 액을 쫓아 달라고 부탁했다. 밤이 되어 산인이 빈집으로 가니 귀신 둘이 나와 무릎을 꿇고 말했다.

　"우리는 부뚜막신입니다. 요사스런 뱀이 집을 차지하고 간악한 짓을 하고 있으니 그것을 없애 주십시오."

　그러면서 뜰 가운데 있는 큰 홰나무 뿌리를 가리켰다. 산인이 물을 뿜으며 주문을 외우니 잠시 뒤 얼굴은 사람인데 몸통은 뱀 형상을 하고 눈은 거울처럼 번들거리는 커다란 요물이 구불구불 기어 나오더니 반도 채 못 나와 거꾸러져 버렸다. 그 뱀을 불사르게 하니 마침내 집 안에 흉액이 깨끗이 사라졌다.

　산인은 마을 사람들과 살곶이에서 물고기를 잡으며 잔치를 벌였다. 산인이 죽은 물고기를 골라 물동이에 넣고 약 한 숟가락을 던지니 죽은 물고기가 다시 살아나 팔딱팔딱 뛰어올랐다. 사람들이 죽은 꿩에게도 시험해 보라 하니, 산인은 꿩 주둥이에 약 한 숟가락을 떠 넣었다. 그러자 꿩은 당장에 푸드덕거리며 되살아났다. 사람들이 모두 신기하게 생각하여 물었다.

"죽은 사람도 살려 낼 수 있습니까?"

"사람은 살아서는 마음대로 할 수 있지만, 혼백(魂魄)은 몸을 떠나 삼 년이 지나면 결국 사라지게 되니, 그때는 약으로도 되살릴 수 없소이다."

산인은 글자를 읽지 못한다고 오해 받았지만 사실은 글을 매우 좋아하였다. 또 눈이 작아 '참새눈'으로 불렸는데, 어두운 밤에도 달빛 없이 잔글씨를 읽을 수 있었다. 그밖에도 잡기가 많았는데 베로 만든 병에 술 담기, 종이로 만든 통에 불 지피기 등으로 세상 사람들을 놀라게 한 일은 이루 다 기록할 수가 없다.

이화(李和)라는 점쟁이가 한창 유명했는데, 산인은 그를 아우처럼 대했다. 이화가 친 점에 잘못이 있으면 산인이 바로잡아 주었는데 모두 정확했으니, 이화는 감히 한마디 대꾸할 수도 없었다. 이화는 이렇게 말했다.

"산인의 좌우에는 항상 삼백 명의 신(神)이 둘러싸고 있으니 진짜 이인(異人)이다."

임진왜란 당시 산인은 74세였다. 가산(家産)을 처분하여 조카들에게 나누어 주고 나서, 5월이 되자 승복에 지팡이를 짚고 소요산에 들어가 중에게 말했다.

"올해로 내 목숨이 다할 것이니, 내가 죽거든 화장해 주시오."

오래지 않아 왜적이 소요산까지 쳐들어왔다. 산인은 앉은 채

5_ 양예수(楊禮壽): ?~1597. 조선 시대의 뛰어난 의관(醫官).

로 칼을 맞았는데, 흰 기름 같은 피를 흘리며 그대로 꼿꼿하게 굳어 버렸다. 곧이어 하늘에서 우레가 치며 큰비가 내리니 왜적이 두려워 달아나 버렸다. 산의 중들이 다비식을 하는데 상서로운 빛이 하늘까지 뻗쳐 사흘간이나 지속되었고, 사리 일흔두 개가 나왔는데 그 크기가 가시연밥만 한 것이 검푸른 빛을 띠고 있었다. 중들은 사리를 탑에 안장했다.

그해 9월 산인은 강화에 있는 정붕(鄭鵬)의 집에 나타났는데, 정붕은 그가 죽은 것을 모르고 있었다. 산인은 정붕의 집에 사흘 동안 머무른 뒤 금강산으로 간다면서 떠났다. 정붕은 이듬해에야 산인이 그때 이미 죽었었다는 사실을 알았으니, 사람들은 모두 그가 칼에 맞았을 때 영혼 이탈을 한 것이라고 말한다. (…)

태의(太醫: 어의) 양예수[5]가 편찬한 『의경요람』(醫經要覽)에 '장씨의 의방(醫方)'이라 칭한 것은 바로 장한웅의 의방을 가리키는 것이다. 신묘했던 양예수의 처방법은 주로 장 산인의 처방에서 얻은 것이 많다고 한다.

장한웅은 마흔까지 의술을 익히고 다시 산으로 들어가 3년 동안 식음을 전폐하며 공부에 매진했으며, 다시 또 더 깊은 산으로 들어가 18년 동안 정진하였다. 그리고 예순이 되어서야 세상에 나와 의술을 폈다. 그가 달리 신의(神醫) 소리를 들은 것이 아닐 것이다.

검선(劍仙) 장생

장생은 어디 출신인지 모른다. 기축년(1589)에 도성과 지방을 오가며 밥을 빌어먹었는데, 사람들이 이름을 물으면 불쑥 대답하기를,

"나도 모릅니다."

하였다. 고향이 어디냐고 물으면 이렇게 대답했다.

"아버지가 밀양좌수 시절에 나를 낳았소. 세 살 때 어머니가 돌아가시자, 아버지는 헐뜯는 첩의 말에 혹해 나를 시골 종놈의 집으로 쫓아 보냈다더이다. 열다섯 살에 종이 나를 민가의 여식에게 장가보냈는데, 몇 해 만에 아내가 죽어 버렸소. 그래서 호남 호서 십수 곳을 떠돌다 서울까지 왔소그려."

장생은 생김새가 매우 우아하여 눈썹과 눈이 그린 것 같았다. 익살을 잘 부렸으며, 노래는 더욱 잘해 장생이 노래를 하면 그 처절한 소리에 감동하지 않는 사람이 없었다. 추우나 더우나 늘 자줏빛 무명 겹옷을 입고 다니며 갈아입지도 않았다.

기생집이라면 드나들지 않는 곳이 없어 사람도 잘 사귀었다. 술자리가 있으면 스스로 자기 잔을 가득 채우고 소리를 하며 신명나게 즐기다 돌아갔다. 혹 술에 한껏 취하면 눈먼 점쟁이, 술

취한 무당, 게으른 선비, 내쫓긴 아낙, 거지와 노파가 하는 양을 흉내 내곤 했는데 하나같이 똑같았다. 또 얼굴로 십팔 나한[1]을 흉내 내면 똑같지 않은 것이 없었고, 입을 오므려 호드기·피리·쟁·비파나 기러기·고니·두루미·따오기·까마귀·학 등의 소리를 내면 진짜인지 가짜인지 구별할 수가 없었다. 밤에 닭 우는 소리와 개 짖는 소리를 내면 이웃의 닭과 개들이 죄다 울고 짖어 댔다. 아침에는 장바닥으로 구걸을 나갔는데, 하루에 거의 서너 말씩이나 얻어 자기는 몇 되만 먹고 나머지는 몽땅 다른 거지들에게 나누어 주었다. 그러니 그가 나서면 거지 아이들이 뒤를 졸졸 따라다녔다. 매일이 이와 같았으니 사람들은 그가 무슨 일을 할지 통 종잡을 수가 없었다.

한때 장생은 악공(樂工) 이한(李漢)의 집에 붙어살았는데, 계집종 하나가 장생에게 호금(胡琴)을 배우느라 아침저녁으로 그를 찾아다니더니 이내 친해졌다. 하루는 그 계집종이 자줏빛 꽃구슬이 달린 봉황뒤꽂이를 잃어버렸다. 아침에 길에서 한 소년이 웃으며 치근댔는데 그 뒤로 보이지 않는다고 했다. 계집종이 울음을 그치지 않으니, 장생이 말했다.

"어허, 어린놈이 어찌 그랬을꼬? 울지 마라. 내가 저녁때까지는 찾아 주겠다."

그러고는 나는 듯이 가 버렸다.

---

[1] 십팔 나한(十八羅漢): 불법을 지키는 석가모니의 열여덟 제자. 십팔 나한상은 그 표정이 매우 다채롭고 기이하다.

저녁이 되자 장생은 계집종을 불러냈다. 서쪽 길로 경복궁 서쪽 담을 따라가다가 신호문2_ 모퉁이에 이르자, 큰 띠로 계집종의 허리를 묶어 왼쪽 어깨에 둘러메더니 재빠르게 훌쩍 뛰어 올라 몇 겹의 중문(重門) 안을 날아 들어갔다. 날은 이미 칠흑처럼 어두워져 눈 밑의 길조차 분간하기 어려웠으나 장생은 순식간에 경회루(慶會樓)에 도착했다. 경회루 위에서 두 소년이 촛불을 들고 마중 나와 보고는 깔깔거렸다. 그러고는 경회루 대들보 위 구멍에서 보석과 비단을 잔뜩 꺼내 왔는데, 그 속에는 계집종이 잃어버린 머리꽂이도 있었다. 소년들이 계집종에게 머리꽂이를 돌려주었다.

"아우들은 행동거지를 삼가 사람들이 우리 자취를 엿보게 하는 짓은 말게."

그러고 나서 계집종을 데리고 나는 듯이 북성(北城)으로 나와 계집종을 집으로 돌려보낸 뒤 날이 채 밝기 전에 이한의 집에 도착하니, 주인은 술에 취해 한창 코를 골고 있었고, 사람들도 그가 나갔다 온 사실 자체를 알지 못했다.

임진년(1592) 4월 초하루, 장생은 술을 몇 말이나 사 마시고 대취하여 길가에서 밤이 될 때까지 덩실덩실 춤추고 노래하다 수표교3_에 이르러 쓰러져 잤다. 날이 샐 무렵에 보니 장생은 이미 죽은 지 오래되어 있었다. 시체가 썩어 벌레가 되더니 모두

2_ 신호문(神虎門): 경복궁의 북문(北門)으로, 지금의 신무문(神武門)이다.
3_ 수표교(水標橋): 청계천에 놓였던 돌다리.

날개가 돋아 하늘로 날아갔다. 어느 날 저녁에는 완전히 사라지고, 입고 있던 옷과 신고 있던 버선만 덜렁 남아 있었다.

연화방(蓮花坊: 서울시 종로구 연건동 일대)에 사는 무인(武人) 홍세희(洪世喜)라는 자가 평소 장생과 제일 가까이 지냈는데, 4월에 왜적을 막기 위해 이일4_을 따라 새재까지 갔다가 짚신을 신고 지팡이를 짚은 장생을 만났다. 장생은 기쁜 얼굴로 악수하며 말했다.

"사실 난 죽지 않았네. 바다 동쪽으로 낙토(樂土)를 찾아갔었지."

그러고는 이렇게 말했다.

"자네는 올해 죽을 운수가 아닐세. 큰 전쟁이 날 것이니 높은 산 쪽으로 가고 물 가까이로는 가지 말게. 정유년(1597)에는 남쪽으로 내려가는 것은 삼가고, 혹 공무(公務)가 있으면 산성(山城)에는 올라가지 말게."

말을 다 하자 나는 듯이 가 버려 순식간에 어디로 갔는지 알 수가 없었다.

홍세희는 탄금대 전투에서 장생의 말을 기억하고 산 위로 달아나 죽음을 면했다. 정유년 7월에는 금군(禁軍: 임금의 호위 경비대)으로 당직을 서다가 임금의 교지기 내려와 오리 정승5_에게 전달하게 되었는데, 장생의 경계를 까맣게 잊고 성주(경상북

4_ 이일(李鎰): 임진왜란 때의 무신. 임진년 이듬해 평안도 병마절도사로 명나라 원군과 함께 평양을 수복하였다.
5_ 오리 정승: 이원익(李元翼, 1547~1634). 오리(梧里)는 그 호. 선조와 광해군 때의 문신으로 우의정·영의정 등을 지냈다.
6_ 나: 허균을 말한다.
7_ 장생(蔣生)은 어디 출신인지~부류가 아니었을까: 원주에 출전을 『무명씨집』으로 밝히고 있다. 원작은 허균의 『성소부부고』에 실린 「장생전」이다.

도에 있음)로 내려가다가 그만 왜적에게 쫓겼다. 그때 황석산성(黃石山城)이 수비가 잘되어 있다는 소문을 듣고 말을 달려 산성으로 들어갔다가 결국 성이 함락되어 목숨을 잃었다.

 나6-는 젊은 시절 유협(遊俠)들과 친하게 지내 그들과 함께 해학을 즐겼고, 아주 가까이서 그들의 재주를 볼 수 있었다. 아아! 그것은 신기한 일이었다. 그들이 바로 옛적의 검선(劍仙)이란 부류가 아니었을까?7-

 감사 홍명원(洪命元, 1573~1623)이 늘상 청파(青坡: 서울시 용산구 청파동) 사는 '장(蔣) 도령'이란 이가 기이한 짓을 많이 했다는 말을 하였다. 그 아들 처후(處厚)가 아버지 곁에서 익히 들어 사람들과 대화할 때면 늘 그 이야기를 했다. '도령'이란 시쳇말로 장가들지 않은 사람을 말한다. 장생은 민가의 여식을 아내로 맞았으나 가정을 이룬 적은 없었으니, '장 도령'이란 자는 틀림없이 장생일 것이다.

임진년에 왜구가 부산에 상륙한 것이 4월 13일이었다고 하니, 장생이 수표교에서 죽은 것은 임진왜란 바로 직전이었다. 그 시체를 덮었던 벌레들이 모두 날개가 돋아 하늘로 올라갔다는 것이 기이하면서도 처연하다.

곡기를 끊은 곽재우

　　곽재우의 자는 계수(季綏)로, 현풍(玄風: 경상북도 대구시 달성군에 있는 지명) 사람이다. 감사 월(越)의 아들이다. 젊어서 조식[1]에게 배웠는데, 남명은 그에게 외손녀를 시집보냈다. 과거 공부를 포기하고 마흔 살이 넘도록 포의(布衣)로 가난하게 지내면서 삿갓 쓰고 짚신 신고 고기 낚는 삶을 즐겼다.

　　임진왜란이 일어나자 군사를 일으켜 왜적을 토벌했는데, 늘 붉은 옷을 입고 앞장섰으므로 왜적들이 '홍의 천강 장군'(紅衣天降將軍: '붉은 옷을 입은 하늘이 내린 장군'이라는 뜻)이라 불렀다. 왜적을 무찌른 공으로 벼슬이 좌윤(左尹: 종2품)에 이르고, 함경감사에 임명되었으나 사양하고 나가지 않았다.

　　서울에 머물 때도 솔잎만 먹을 뿐이었으니 일찍이 비슬산에 들어가 솔잎을 먹으며 화식(火食)을 하지 않았고, 취산(鷲山: 경상남도 창녕군 영산면의 옛 이름)의 창암(滄巖)으로 가서는 영원히 화식을 끊었다. (…)

　　선산(善山) 사람 승지(承旨) 박수홍[2]은 급제하기 전에 공(公)을 찾아간 적이 있었다. 공이 물었다.

　　"어디를 가려고 하는가?"

1_ 조식(曺植): 1501~1572. 성리학에 통달하였고 인품이 뛰어났다. 명종이 여러 번 불러 벼슬자리를 주었으나 계속 사퇴하고, 지리산에 살며 학문 연구에 전념하여 당대의 사표(師表)로 존경받았다.
2_ 박수홍(朴守弘): 1588~1644. 광해군·인조 때의 문신.

"과거를 보려 합니다."

"이런 때 뭣하러 과거를 보러 가나?"

그러고는 술상을 차려 네댓 잔 마시더니 불쑥 이렇게 말했다.

"술 때문에 괴롭군. 기분이 안 좋아."

그러더니 그릇을 가져오라 하여 귀를 기울여 쏟으니 마신 술이 귓구멍에서 다 나왔다.3_

『지봉유설』에 다음과 같은 기록이 있다.

"공은 기개와 절조가 있고 뜻이 커 구속받지 않고 자유로웠다. 임진왜란 때 집안의 노비와 마을 사람을 일으켜 힘을 다해 왜적을 토벌하였다. 집안의 재산을 다 써 군비를 충당하고 낙동강의 물길을 끊어 적병의 목을 수없이 베니, 왜적들이 공을 두려워하여 '홍의 장군'이라 불렀다. 왜적이 물러가자 공은 이렇게 말했다.

'고양이를 기르는 것은 쥐를 잡기 위해서다. 이제 왜적도 평정되었고 나는 할 일이 없으니 떠나도 되겠구나.'

그러고는 신선의 술법을 배우기 위해 입산(入山)하여 곡기를 끊었다. 거의 1년이 지나도록 먹지 않으니 몸은 가벼워지고 건강해졌다. 오직 하루에 작은 송화(松花) 한 조각만 먹을 뿐이었으니 이는 연기법4_을 터득한 것이다."

3_ 곽재우(郭再祐, 1552~1617)의 자(字)는~귓구멍에서 다 나왔다: 원주에 출전을 『명신록』으로 밝히고 있다.
4_ 연기법(嚥氣法): 음양의 기운을 마시는 도가의 양생술.
5_ 장량과 유사하니: 유방을 도와 중국 천하를 통일했던 그는, 천하 통일 이후 속세를 등지고 신선처럼 살았다.

곽재우는 큰 난리를 만났을 때는 떨쳐 일어나 적을 토벌하였으며, 공을 세운 뒤에는 초연히 물러났고, 산에 들어가 곡기를 끊고 1년이 지나도록 먹지 않고도 몸이 가볍고 건강해졌으니, 어찌 이른바 신선이라는 부류가 아닐 수 있겠는가? 그가 남긴 자취는 장량과 유사하니,5_ 기이한 일이다.

홍의 장군 곽재우. 그는 임진왜란에 큰 공을 세웠으면서도 정작 『선무공신록』(宣武功臣錄: 임진왜란의 공신을 기록한 책)에는 그 이름이 빠졌다. 말년에 병이 위중함에도 침과 약을 쓰지 못하게 하며 "생과 사는 운명이다"라는 말과 함께 담담히 죽음을 받아들였다고 한다. 그가 세속적인 욕심에 얼마나 초탈했는지 알 수 있다. 향년 66세다.

신선술, 건강과 불사의 비결

『순오지』

신선 수련술과 단학

신선 수련법은 그것을 직접 해 본 사람이 아니면 함부로 이러쿵저러쿵 말할 게 아니다. 세상 사람들은 선도(仙道)를 허황하여 믿을 만한 것이 못 된다고 여기지만, 정명도[1]는 선도를 우주의 비밀을 엿보아 수명을 늘리는 것이라 하였고, 또 정이천[2]은 세 가지 어려운 일 중 하나가 수련을 통해 장생불사에 이르는 일이라 하였다. 선도라는 것이 정말 없다면 앞선 뛰어난 유학자들이 이런 말을 하지는 않았을 것이다. 게다가 주자도 선도의 경전이라 할 만한 『주역참동계』에 주석을 달았으니, 절대 선도가 없다고는 할 수 없는 것이다.

『비설집』[3]을 보면 이런 이야기가 있다.

"정명도 선생이 어떤 절에 머무를 때였다. 한밤중에 딸각딸각하는 소리가 들려와 촛불을 켜니, 쥐 한 마리가 불상(佛像)의 배꼽에서 나오다가 책 한 권을 떨어뜨렸다. 책을 주워 보니 바로 단서(丹書)였다. 선생은 즉시 책을 베끼고 나서 도로 불상 배꼽 안으로 집어넣었다. 그러고는 다음 날 미장이를 불러 구멍을 메워 버렸다. 선생이 책에 쓰인 방법대로 단약(丹藥)을 만들기 시작한 지 한 달 남짓 되었을 때였다. 선생의 집에서 환한 빛이 나

1_ 정명도(程明道): 정호(程顥, 1032~1085). 북송의 유학자. 명도는 그의 호.
2_ 정이천(程伊川): 정이(程頤, 1033~1107). 정명도의 동생. 형과 아울러 이정자(二程子)라 불린다.
3_ 『비설집』(霏雪集): 『비설집』(飛雪集)으로 되어 있는 이본도 있다. 어떤 책인지 미상(未詳).

는 것을 본 사람들이 불이 난 줄 알고 뛰어 들어가 문을 두드렸으나 아무 일도 없었다. 결국 선생은 단약 만들기를 그만두고 다 되기 직전의 단약을 은그릇에 발라 버렸다. 그러자 단약을 바른 부분이 곧 금이 되었다. 어떤 이가 넌지시 선생에게 그것을 먹으라 하니, 선생이 말했다.

'내가 어찌 이런 것을 뱃속에 넣겠는가?'

그 뒤 어떤 도사(道士)가 선생이 책에서 전해 받은 방법과 자신이 배운 방법을 비교해 볼 요량으로 선생을 찾았으나, 선생은 이미 돌아가신 뒤였다."

『진단통재』4 에는 이런 이야기가 있다.

"회암 주 선생5 은 단학에 뜻을 둔 적이 있다고 한다. 도(道)가 거의 이루어져 금빛이 단전에서 나오려는 순간 선생은 별안간 깨달은 바가 있어 즉시 수련을 그만두었다. 그리고 이렇게 말했다.

'사람이 나고 죽는 것은 낮이 가면 밤이 오는 것처럼 변할 수 없는 진리인데, 어찌 하늘을 어기고 자연의 섭리를 거스르겠는가!'"(…)

이런 일화들로 본다면 정명도 선생과 회암 선생은 두 분 모두 단학의 기술을 잘 알고 있었다고 할 수 있다. 그러나 끝내 그것을 파고들지 않은 것은 하늘의 이치를 좇아 정도(正道)로 돌아

4_ 『진단통재』(震旦通載): 미상.
5_ 회암 주(朱) 선생: 주자(朱子)를 말한다. 회암(晦菴)은 그의 호.

간 것이다.

주자의 「조식잠」(調息箴)에 다음과 같은 내용이 있다.

코끝에 흰빛 있으니
나는 그 빛을 보네.
언제 어느 때나
느긋하고 편안해.
고요히 내쉬면
봄 못 속 물고기 같고
크게 한껏 들이쉬면
온갖 생물 겨울잠에 든 것 같지.
기운이 열리고 닫히니
그 오묘함 끝이 없구나
누가 이것을 주관하는가
주재자가 있는 것은 아니네.
구름 속 하늘 나는 것
내 논하지는 못하나
하나를 지키고 조화로움에 처하면
일천이백 년을 살 수 있네.

이로 보건대, 선생이 단학의 묘한 이치를 깊이 깨닫고 있었음을 알 수 있다. 만일 자세히 경험하여 스스로 체득(體得)하지 않았다면 어떻게 '못 속의 물고기'니 '겨울잠에 든 것'이니 하는 말을 쓸 수가 있겠는가? 그런 까닭에 나는 단학을 가볍게 볼 수 없다고 하는 것이다.

단학의 기술은 또한 지극한 이치에서 나오는 것이다. 하나가 둘을 낳고 둘이 넷을 낳고 넷이 여덟을 낳아 64에 이르니, 이렇게 나뉘어 만물(萬物)과 만사(萬事)를 이루는 것은 인간 세계의 이치, 즉 인도다.[6] 반면, 양다리를 포개고 단정히 앉아 눈은 발을 드리운 듯 살며시 내리뜨고 이목구비의 구멍을 막아 온갖 잡념이 어지러이 요동치는 것을 수습해 무(無), 즉 태극으로 돌아가는 것은 신선 세계의 이치, 즉 선도(仙道)인 것이다.

눈은 코끝을 보고 코끝은 배꼽을 대하여, 들숨은 가늘고 길게 이어지게 하고, 날숨은 미미하게 조금씩 내쉬어 항상 신(神)과 기(氣)가 배꼽 아래 단전에 머무르게 하면 '현빈'[7] 이라는 구멍을 얻게 된다. 현빈 한 구멍을 얻으면 백 개의 구멍이 통하니, 이것으로 태식이 이루어지고, 태식이 이루어지면 주천화후가 이루어지며, 주천화후가 이루어지면 결태가 이루어지는 것이다.[8] 이는 수련할 때 반드시 거치는 필연적인 순서이나, 마지막에 도

---

[6] 하나가 둘을~인도(人道)다: 하나란 태극(太極)이고, 둘은 음양(陰陽), 넷은 사상(四象), 여덟은 팔괘(八卦), 64는 육십사괘를 의미한다. 이는 『주역』에서 만물이 형성되는 이치를 설명하는 방식이다.

[7] 현빈: 노자는 현빈(玄牝)의 문이 만물이 나고 천지가 생기는 근원이라고 하였다.

[8] 이것으로 태식이~이루어지는 것이다: 태식(胎息), 주천화후(周天火候), 결태(結胎)는 모두 내단수련의 단계를 가리킨다. 태식은 수련 과정 중 호흡이 거의 멈춘 상태에서 뱃속의 태아처럼 숨쉬는 상태를, 주천화후란 신(神)과 기(氣)를 단전에 머물게 했을 때 발생하는 뜨거운 열기를 몸속에 유통시켜 음기를 태우고 몸을 원기로 가득 차게 하는 상태라고 한다. 결태는 단(丹)을 이루는 것을 말한다.

[9] 송 상공(宋相公): 송시열(宋時烈, 1607~1689)을 가리킴.

(道)를 이루게 하는 것은 수련하는 자의 성실성에 달렸다.

얼마 전 송 상공9-께서 임금의 부름을 받잡고 서울로 올라와 남호정사(南湖亭榭)에 머문 적이 있었다. 내가 찾아가 인사를 여쭈니, 공께서 내게 이렇게 물었다.

"근래에 참동법(參同法)을 얼마나 시험해 봤는가?"

"그 법은 집을 벗어나 산속 고요한 곳에 들어가 지속적으로 노력해야 하는 것으로, 세속에 얽매여 있는 사람이 할 수 있는 것이 아니질 않습니까?"

그러자 공께서도 웃으며 고개를 끄덕이셨다. 아마도 공께서는 내가 편찬한 『해동이적』의 서문을 쓰신 까닭에, 내가 단학의 술법에 관심이 있음을 아시고 이처럼 물으신 듯하다. (…)

『순오지』(旬五志)에 실린 글로, 신선 수련술의 개요를 설명한 글이다. 정명도와 주자 등 성리학의 큰 스승들도 단학 수련에 관심을 가졌다는 점을 근거로 들어 도가를 옹호하고 있다.

신선을 만난 정우복

우복 정경세[1]가 과거를 보기 위해 서울로 가는 길이었다. 단양(丹陽)을 지나는데 밤이 되어 그만 길을 잃고 말았다. 산골짜기에서 길을 찾아 10여 리를 헤맸지만, 길은 점점 좁아지고 소나무 회나무가 하늘을 찌를 듯 우거져 있어 어디로 가야 할지도 모를 지경이었다.

그때 문득 숲 속 저 너머에 초가집 몇 칸이 어렴풋이 보이는 듯했다. 우복은 곧장 달려가 사립문을 흔들었지만, 조용할 뿐 인기척이라곤 없었다. 결국 마당으로 들어가 문틈으로 방을 들여다보니 노인 한 사람이 등불을 밝힌 채 책을 보고 있는데, 비쩍 마른 모습이 맑고 고아해 보였다. 우복이 문을 밀고 들어가니, 노인이 책을 덮고 물었다.

"어디서 오는 손이기에 깊은 밤에 예까지 이르셨소?"

우복은 상주에서 와 과거 보러 가는 도중에 길을 잃어 숲 속을 헤매던 일을 모두 말하고, 배가 몹시 고프다고 했다. 그러자 노인이 말했다.

"산속이라 먹을거리가 변변찮소."

그러고는 주머니에서 동그란 떡 한 조각을 꺼내 주었다. 떡

---

[1] 우복 정경세(鄭經世): 1563~1633. 상주(尙州) 사람. 우복(愚伏)은 그의 호. 인조반정 이후 벼슬이 대제학에 이르는 등 요직을 두루 역임했으며, 예학에 조예가 깊었다.

은 달고 매끈매끈한 것이 잣과 비슷했지만 무엇으로 만들었는지
는 알 수 없었다. 우복은 그 떡을 받아 채 반도 못 먹었는데 배가
불렀다. 신기한 일이었다. 우복이 물었다.

"노인장의 모습을 보니 범상치가 않으십니다. 어째서 세상
에 나아가 불후의 업적을 남길 일을 꾀하지 않고 이런 적막한 산
골에서 낙엽처럼 썩고 계십니까?"

"당신이 말하는 '불후'(不朽)라는 건 '썩지 않는다'는 뜻인
데, 그 썩지 않는 업적이란 게 덕(德)을 이루거나 공(功)을 세우
거나 후대에 전해질 글을 짓는 것 따위를 말합니까?"

"그렇습니다."

그러자 노인은 웃으며 이렇게 말했다.

"세상에 도덕이 높기로 일컬어지기는 공자와 맹자보다 더한
이가 없고, 공을 세운 것으로 유명하기는 관중과 안자2_보다 훌
륭한 이가 없습니다. 그러나 지금은 그들 모두 이름만 남아 있을
뿐 뼈까지도 다 썩어 버렸는데, 그것을 썩지 않는다고 할 수가
있겠습니까? 더구나 글을 짓는 일은 하찮은 재주로, 사마천과 반
고3_ 이래로 수많은 이가 저술을 남겼지만, 결국은 이슬 젖은 가
을 수풀 속에 우는 귀뚜라미나 따뜻한 봄볕에 지저귀는 새와 같
으니, 아무리 다투어 아름다움을 뽐낸다 해도 그것들이 빛나는
건 잠시일 뿐이지요. 꽃이 지고 서리가 내리면 향기는 사라지고

2_ 관중(管仲)과 안자(晏子): 춘추시대 제(齊)나라의 두 명재상.
3_ 사마천과 반고: 사마천은 전한의 역사가로 『사기』를 지었고, 반고(班固, 32~92)는 후한
초기의 역사가로 『한서』(漢書)를 지었다.

소리 또한 침묵 속으로 가라앉아 적막해질 것이니, 참으로 애처로운 일이 아닙니까? 내가 생각하는 썩지 않는다는 것은 당신이 생각하는 것과는 전혀 다른 것입니다."

"그렇다면 노인장께서 말씀하시는 썩지 않는다는 것은 무엇을 뜻하는지요? 제가 감히 여쭈어도 되겠습니까?"

"풀도 죽으면 썩고, 나무도 죽으면 썩지요. 만물이 썩는 것은 다 죽기 때문입니다. 만일 죽지 않는다면 썩을 일도 없겠지요."

"정말 세상에 죽지 않는 방법이 있습니까?"

"있지요. 속담에 밤길을 가 보지 않으면 밤길 가는 행인이 있는 걸 알 수 없다는 말이 있지요. 지금 그대가 이렇게 죽지 않는 사람을 만나지 않았다면 외진 산골짜기에 불사의 인간이 존재한다는 것을 어찌 알았겠습니까? 일정한 법에 따라 화기(火氣)를 움직이며 천 일 동안 내공을 쌓으면 생명을 연장해 수명을 늘리고 한낮에도 하늘을 날 수가 있지요. 혹 몸뚱어리를 벗어던지지는 못하더라도 일단 죽어 시해(屍解)를 하면, 장사 지낸 육신은 천 년이 지나도 뼈가 썩지 않고 얼굴빛은 살아 있는 것같이 생생하지요. 그렇게 일정 기한이 차면 무덤을 깨뜨리고 승천할 수가 있지요. 태음연형(太陰鍊形)이라는 이 법을 터득하면, 속세를 벗어나 억만 겁의 시간이 지나도 존재할 수가 있습니다. 내가 말하는 썩지 않음이란 이런 것입니다. 그대가 이미 다 썩어 버린 것에서 썩지 않음을 구하는 것과는 다르지요."

우복은 일어나 절을 하고 말했다.

"정말 선생의 가르침과 같은 방법이 있다면 저도 배우고 싶습니다."

노인은 한참 동안 우복을 바라보다가 이렇게 말했다.

"그대의 뼈는 썩을 것입니다. 배워도 신선이 될 수 없습니다."

그리고 잠시 뒤 이렇게 말했다.

"그대는 금년에 과거에 급제할 것입니다. 그러나 세 차례의 감옥살이를 해야 할 것입니다. 하지만 결국은 괜찮을 테니 걱정할 것은 없습니다. 이제 칠 년 뒤면 나라에 큰 전쟁이 일어날 것입니다. 만백성이 어육(魚肉)이 되겠지요. 그로부터 삼십삼 년 뒤에는 반란이 일어날 것입니다. 그 뒤로 또 서쪽에서 외적이 일어나 쳐들어오면 도성을 지키지 못하고 종묘와 사직이 위태로워질 것입니다. 그대는 이런 일들을 직접 보게 될 것입니다."

노인은 이마를 찌푸린 채 또 이렇게 말했다.

"그 뒤의 세상일도 충분히 알 만하지요."

우복이 좀 더 자세히 일러 달라고 두 번 세 번 간청하자, 노인은 이렇게 말했다.

"저절로 알게 될 것이니 지금 억지로 알려고 할 필요가 없습니다."

우복이 노인의 성명을 물으니, 이렇게 대답했다.

"어릴 때 부모를 잃고 고아가 되었으니 성도 이름도 모릅니다."

밤이 깊어 몹시 피곤해진 우복은 잠이 들었다. 새벽에 잠이 깨어 보니 노인은 어디로 갔는지 보이지 않았다. 우복은 이상한 생각이 들었다. 마침 집 안에 다른 사람이 있기에 물어보니, 이렇게 대답했다.

"이 집은 제 집입니다. 그 노인은 유 생원(柳生員)이라 불리는 사람이지요. 이 절 저 절을 떠돌며 사는데, 가끔 이곳을 지날 때면 산수가 특별히 깨끗하여 좋다며 며칠씩 머물다 가곤 합니다. 그런데 무엇을 먹는지 한 번도 식사라곤 하지 않는데, 언덕을 오르는 걸 보면 걸음이 나는 듯하지요."

우복은 그 말을 듣고 멍하니 정신이 나간 듯했다.

그해 우복은 과연 과거에 급제했으니, 그때가 만력 14년(1586)이었다. 그 7년 뒤 임진년(1592)에 왜구가 대대적으로 쳐들어왔고, 그로부터 33년 뒤인 갑자년(1624)에는 이괄(李适)이 난을 일으켜 군사가 서울까지 들어왔으며, 병자년(1636)에는 청나라 오랑캐가 우리나라를 침략해 오더니, 갑신년(1644) 3월에는 결국 명나라가 망해 버렸다.

4_ 이진길(李震吉): 1589년(선조 22)에 모반죄로 몰려 자살한 정여립(鄭汝立)의 생질. 이때 정경세는 이진길을 사관(史官)으로 천거한 일로 파직되었다.
5_ 김직재의 사건: '김직재(金直哉, 1554~1612)의 옥'으로 불린다. 광해군 4년(1612)에 성균관 학유(學諭)로 있던 김직재가 모반죄로 사형당한 일이다. 그러나 이는 소북파를 제거하기 위한 대북파의 조작극이었다. 이때 정경세는 김직재와 친분이 있다는 무고(誣告)로 하옥되어 고문을 당한 바 있다.
6_ 김몽호(金夢虎): 1557~1637. 선조·광해군 때의 문신. 광해군 7년(1615) 공조참의로 있을 때 강릉부사로 있던 정경세와 함께 국문을 당하고 옥살이를 한 적이 있다.

우복은 이진길[4] 사건으로 잡혀 국문(鞫問)을 당했고, 김직재의 사건[5]에 연루되어 영외(嶺外)에서 구속당했으며, 김몽호[6]의 당(黨)에 참여했다 하여 강릉에서 잡혀 1년 만에 풀려났으니 노인의 말이 정확히 맞아떨어졌다. (…)

영천(榮川: 경상북도 영주시 영주동 일대의 옛 지명)의 문관(文官) 권후(權垕)는 우복의 문인인데, 내 선친과는 동년배로 사이가 좋았다. 언젠가 우리 집에 들러 담소하다 우연히 단양 노인에 대한 이야기가 나왔는데 이런 말씀을 하셨다.

"신선에 관한 이야기는 모두 허황된 것으로 믿을 수 없다고들 하지만, 우리 선생께서는 외진 산골짝에서 단학의 술법으로 수양하며 세속의 일에 얽매이지 않고 사는 사람이 어찌 이 단양 노인뿐이겠느냐고 하셨지. 그러니 여름 한철 버러지의 소견머리를 가지고 얼음이 꽁꽁 어는 긴 겨울이 있다는 것을 믿지 못하는 자들이 어찌 강호의 현인들에게 웃음거리가 되지 않겠는가? 선생께서 발설하지 말라고 당부하셔서 내 일찍이 이 일을 함부로 말한 적이 없었던 것이네."

우복 정경세는 퇴계 이황과 서애 유성룡의 계보를 잇는 성리학자다. 그런 그가 과거길에 단양을 지나다 신선술을 수련하는 도인(道人)을 만났다는 이야기다. 선도(仙道)를 허황되다고 배척하는 것은 편협한 태도임을 지적하였다.

불사의 사람들 1 — 멧돼지 노인과 목객

함흥 사람 김 진사가 관동 지방 깊은 골짝을 지나다 구석진 촌에 묵게 되었을 때의 일이다. 잠을 자려는데 쇠사슬이 달그락거리는 것 같은 소리가 밤새도록 끊이지 않았다. 마치 쇠로 만든 말고삐가 요동치는 것 같았다. 아침이 되자 김 진사는 주인에게 물었다.

"주인장 집에 길들지 않은 말이라도 있소이까? 쇠사슬 소리가 끊이지 않아 한숨도 못 잤습니다그려."

"말이 아니라 저희 할아버지입니다."

그리고 주인은 이렇게 말하였다.

"저희 할아버지는 연세가 얼마나 되셨는지 정확히는 알 수 없지만 백 세는 이미 옛날에 넘으셨지요. 멧돼지처럼 온몸에 털이 났는데, 아무리 굶어도 배고프지 않고 또 아무리 먹어도 배가 부르지 않은데다 사람의 말도 하지 않으시지요. 늘 뛰쳐나가시려 하는데, 그 기세가 대단한데다 일단 나가면 어디로 가 버리는지 찾기가 어려워요. 그래서 쇠사슬로 묶어 놓았는데, 늘 쇠사슬을 흔들어 대며 끊어 버리려고 하세요. 그래서 그런 소리가 나는 것입니다."

1_ 구천(句踐): ?~BC 465. 중국 춘추시대 월(越)나라 왕. 오(吳)나라 왕 합려와 싸워 이겼으나, 그의 아들 부차에게 대패하여 회계산(會稽山)에서 항복한 적이 있다. 뒤에 다시 부차를 이겼다.

어찌하다 그리되었느냐고 물으니, 주인 역시 그 까닭은 모르겠다고 했다.

옛날 월나라 왕 구천[1]이 회계산에 있을 때, 오나라에 화해를 요청한 적이 있었다. 그러자 오나라 왕은 기이한 무늬가 있는 나무를 구해 달라고 요구했다. 구천은 나라 백성들을 시켜 깊은 산을 뒤지게 했지만 10년이 지나도록 찾지 못했다. 백성들은 굶주림을 못 견뎌 풀과 나무열매로 배를 채웠는데, 그랬더니 온몸에 털이 나서 아무리 세월이 가도 죽지 않고 산속에 머물러 있게 되었다. 수백 년 뒤 그 사람들을 보았다는 자의 말에 따르면, 그들은 바위 골짜기를 나는 듯이 뛰어넘는데, 마치 새가 나무 사이를 나는 것처럼 빠르더라고 했다. 그래서 그들을 '목객'(木客)이라 불렀다는 이야기가 있다. 김 진사가 만났던 노인 또한 배고픔을 참고 곡식을 먹지 않다가 기이한 짐승으로 변했으니, 월나라의 목객과 비슷한 부류가 아니겠는가?

옛 기록에 따르면, '목객'은 얼굴도 목소리도 불완전한 사람인데 손발톱이 예리하여 높고 수려한 봉우리 위에서만 산다고 한다. 인간의 발이 닿지 않는 깊고 험한 산속에 야인(野人)이나 설인(雪人) 따위의 미지의 인간이 존재한다는 상상은 신비롭고 즐겁다.

불사의 사람들 2 — 새인간과 털여인

두류산 어떤 절에 한 승려가 있었다. 겨울이면 부엌 아궁이에 불을 피워 두는데, 매일 밤 누군가가 아궁이 속을 헤집어 불을 꺼뜨려 놓았다. 승려는 자물쇠를 고치고 불을 피운 뒤 몰래 숨어서 엿보기로 했다.

밤이 깊어지자 무언가가 날아왔는데, 크기는 사람만 한 것이 지붕 귀퉁이에서 날아 내려와 부엌 아궁이 앞에 앉아 불을 헤집어 쬐는 것이었다. 승려가 뛰어 들어갔으나 순식간에 날아가 버려 잡지 못했다.

얼마 뒤, 승려는 들어오기는 쉽고 나가기는 어렵도록 지붕에 그물을 쳐 놓고는 몸을 숨긴 채 다시 망을 보았다. 과연 그것은 다시 부엌으로 날아 들어왔다. 승려가 뛰어 들어가자 그것은 날아올랐으나 그물에 가로막혀 나가지 못하고 사로잡혔다. 승려가 가만 살펴보니 얼굴과 눈, 팔다리는 모두 사람과 같았으나 온몸이 긴 털로 덮여 있었다. 승려가 물었다.

"사람이오? 신선이오? 어찌하여 이곳에 왔소?"

그자는 혀를 움직여 뭐라 말하려 했으나 새 우는 소리만 날 뿐 사람의 말이 아니었다. 며칠 뒤 승려는 그자를 놓아주었다.

1_ 항우(項羽): BC 232~ BC 202. 진(秦)나라 말기에 유방과 천하를 놓고 다툰 무장(武將).

그러자 바람을 가르며 날아가 버렸다.

옛날 중국 수나라 장수 장손성이 여산(驪山)에서 사냥을 할 때 온몸에 털이 난 여인을 만났는데, 여인은 이 나무 꼭대기에서 저 나무 꼭대기를 날아다니며 새처럼 살고 있었다. 그물을 쳐 사로잡아서는 어디 사람이냐고 물으니, 여인은 이렇게 대답했다.

"나는 진시황(秦始皇)의 궁녀입니다. 항우1_가 함곡관(函谷關)으로 침입하던 날 도망 와 이 산속에 숨었습니다. 오랜 시간 굶주림을 견디며 솔잎을 씹어 먹었더니 세월이 지나도 죽지를 않습니다."

수나라는 진나라로부터 이미 천 년 이상 지난 시대다. 그러니 두류산 승려가 만난 자 또한 수나라의 그 털여인과 같은 부류가 아니겠는가?

여산은 중국 섬서성(陝西省) 서안시(西安市) 동쪽에 있다. 함곡관은 서안에서 섬서성으로 가는 관문으로, 동서 8킬로미터에 걸친 깎아지른 협곡인데 험하기로 유명하다. BC 206년 항우는 이 함곡관을 넘어가 진나라를 멸망시켰다. 이 이야기는 신비감을 자아낸다.

마음으로 병을 고치는 태백 진인의 비결

　태백(太白) 진인(眞人)은 마음으로 병을 고치는 비결이 있었다. 그 내용이 중요하고 또 지극하지 않음이 없으니 여기 적어두고 스스로를 반성하는 자료로 삼으려 한다.

　병을 고치고 싶으면 먼저 마음을 바르게 다스려 도(道)로 들어가는 바탕이 되게 해야 한다. 병자는 마음속 의심과 잡념을 버리고 모든 망상과 불평, 나와 남이 저지른 잘못을 후회하고 미워하는 마음을 버려야 한다. 그리고 몸과 마음을 내려놓고 하늘과 하나가 되어야 한다. 이러한 수행을 오래 하면 마침내 정신이 완전히 하늘에 엉겨 마음이 편안하고 평화로워져 세상만사가 모두 공허하며, 종일토록 생각하는 모든 것이 결국 망상임을 알게 될 것이다. 내 몸 자체가 모두 비어 있는 것이며, 화(禍)와 복(福)이 따로 없고, 나고 죽는 것도 그저 꿈에 지나지 않음을 깨닫게 될 것이다. 이렇게 깨달아 환하게 알게 되면, 마음은 자연히 청정해지고 질병은 저절로 사라질 것이니, 이렇게 할 수만 있다면 약을 먹기도 전에 병을 다 잊게 될 것이다. 이것이 마음으로 병을 고치고 도(道)로써 마음을 다스려 병을 치료하는 진인의 큰 법이다.

몸의 병은 많은 경우 마음에서 비롯된다. 쓸데없는 망상이나 걱정에 시달리지 않을 수 있다면 오죽 좋으랴. 이 글은 명나라 사람 주권(朱權, 1378~1448)이 쓴 도가 양생서 『구선활인심법』(臞仙活人心法)의 일부다. 일찍이 퇴계 선생이 이 책을 필사해 『활인심방』(活人心方)이라는 제목을 붙인 바 있다.

택당 선생 수련법

택당 이식이 옛사람들의 수련법 가운데 할 만한 것을 추려 요약한 것이 있기에 여기 적어 둔다.

약을 먹는 것은 좋은 처방이 아니면 재물만 허비하고 제대로 효과를 얻지 못하는 경우가 많지만, 이 수련법은 성실히 행하기만 하면 약을 먹는 것보다 훨씬 효과가 좋다. 약을 먹는 것이나 수련하는 것이나 성실하게 하지 않으면 다 소용이 없지만, 수련법이라는 것은 한두 달만 하면 저절로 습관이 되는 것이니 그만두려 해도 그만둘 수가 없게 된다.

먼저 새벽에 일어나 자리에 앉아 뱃속의 탁한 기운을 내보내는 방법이다. 코로 숨을 들이마시고 입으로 내뱉기를 세 번 한다. 다음으로 아랫니와 윗니를 여섯 번 부딪는데, 이를 총 여섯 차례 반복하여 모두 서른여섯 번이 되게 한다. 그 다음 엄지손가락의 등쪽으로 눈을 스물일곱 번 문지른다. 집게손가락과 가운데손가락으로 코를 대여섯 번 문지른다. 손가락으로 귓바퀴의 안과 밖을 잡고 문질러 깨끗하게 한다. 마지막으로 양 손바닥을 서로 비벼 열이 나게 한 뒤 세수하는 모양을 취해 얼굴을 따뜻하게 한다.

이 수련법은 아침에 일어나자마자 하는 것이지만, 낮이라도 피로를 느끼면 그때그때 하는 것이 좋다. 그러면 저절로 기분이 상쾌해질 것이다.

택당 선생은 어려서부터 허약 체질로 온갖 병에 시달렸지만 하루도 책 읽는 일을 거른 적이 없었다고 한다.

조식법

조식법(調息法)을 꾸준히 하면 신선이 된다. 그러니 양생(養生)엔 조식법만 한 것이 없다. 이 방법은 새벽에 일어나 기(氣)를 단련한 뒤 행하는 것이다.

먼저 두 다리를 뻗고 편히 앉는다. 모든 생각을 버리고 코로 숨이 들어오고 나가는 것을 가만히 바라본다. 그러면 숨이 천천히 길어지면서 배꼽 아래까지 가서 그칠 것이다. 그 숨이 다시 돌아 나와 코끝에 이르렀다가 천천히 다시 들어가는 것을 바라본다.

이렇게 마음으로 숨이 들어가고 나오는 것에 집중하면 열기(熱氣)는 밑으로 내려가고 수기(水氣)가 위로 올라온다.

조식법이란 호흡을 조절하는 방법이다. 자신의 숨이 일어나고 사라지는 것에 가만히 집중하다 보면 점차 마음이 가라앉으며 몸이 가벼워짐을 느낄 수 있을 것이다. 이때 허리는 반듯이 펴고, 눈은 살며시 내리떠야 한다.

탄진법

 탄진법(吞津法)은 혓바닥에 생기는 침을 모아 삼키는 방법을 말한다.
 혓바닥을 구부리거나 움직이기만 하면 침은 자연히 생기니, 탄진법을 오래 해 습관을 들이면 저절로 그만둘 수 없게 된다. 배고플 때도 탄진법을 하면 힘이 생긴다.

침이 마르면 건강이 마른다고 했다. 나이가 들수록 침의 분비량은 줄어들게 마련이다. 자연스레 침샘을 자극해 건강을 유지하는 간단한 방법으로 이만한 것이 없을 줄 안다.

도인법

도인법(導引法)은 가장 어렵다.

다만 그 가운데 노법(弩法) 같은 것은 길 가다 피곤할 때나 추위나 더위를 느낄 때 행하면, 피로를 잊을 수 있고 추위나 더위도 가시게 할 수 있다. 노법이란 팽팽한 활을 잡아당기는 것과 같은 동작으로, 힘껏 당겼다 놓기를 좌우로 서너 번씩 한다.

또 양손으로 양쪽 발바닥을 잡고 끌어당기는 방법도 있다. 이를 몇 차례 하면 몸이 시원해진다. 바람이 많이 불 때도 이 방법을 쓰면 힘이 생기고 추위도 막을 수 있다.

'도인'(導引)이란 '마음으로 기(氣)를 이끄는 것'을 말한다. 동작을 취할 때 움직임 하나하나에 마음을 모으는 것이 중요하다.

대추씨와 호두 알맹이

대추씨를 입에 물고 있으면 배가 고프지 않으니, 자주 물고 있는 것이 좋다.

아주 춥거나 더울 때, 바람이 몹시 불 때, 매우 습할 때 병에 걸리기 쉽지만, 그때 호두 알맹이 두세 개를 입에 넣고 혀와 이로 굴려 그 알알한 기운을 뱃속으로 삼키면, 그 어떤 병마(病魔)도 몸을 상하게 하지 못한다.

'대추를 보고도 먹지 않으면 늙는다'는 옛말이 있을 만큼 대추는 노화 방지에 효과가 있는 약재로 여긴다. 대추는 오장을 보(補)하고, 특히 씨는 신경을 안정시켜 불면증에 효험이 있다고 한다. 호두는 피부를 윤기나게 하고 머리카락을 까맣게 하는데, 특히 추위를 많이 타는 사람이 먹으면 추위를 잊게 된다고 한다.

마을 노인이 들려준
민중의 이야기

『명엽지해』

농짝에 갇힌 사또

성종 때 원주에 빼어난 기생 하나가 있었는데, 부임하는 사또마다 반해 버렸다. 한 대관(臺官: 관원의 감찰을 맡은 벼슬)이 임금께 그들을 탄핵하며 말했다.

"한낱 기생에게 혹한 자들은 벌레 같은 무리이옵니다."

"여자를 좋아하는 것이야 인지상정인데, 그리 쉽게 말할 것도 아니다."

"그렇게 자제력이 없어 무슨 일을 할 수 있겠사옵니까?"

대관은 더욱 강경하게 엄벌에 처할 것을 주청했다.

얼마 뒤 성종께서는 그 대관을 관동 지방 사또로 임명했다. 대관은 부임하자마자 관아의 기생을 모조리 내쫓아 버렸다. 그러자 성종께서 원주 목사(原州牧使)에게 미인계로 그를 시험해 보라는 밀지를 내렸다. 목사는 그 빼어난 기생을 불러 말했다.

"임금께서 이러이러한 어명을 내리셨는데, 네가 사또를 유혹할 수 있겠느냐?"

"어려운 일도 아니지요. 사또를 농짝 속에 넣어 바치리다."

얼마 뒤 기생은 일부러 말 한 필을 관아에 풀어 국화 꽃잎을 다 뜯어 먹게 했다. 노발대발한 사또가 말 주인을 찾아내라고 하자, 기생은 짐짓 과부로 꾸미고 관아로 들어와 뜰에 엎드려 빌었다.

"집에 말 한 마리 단속할 남정네가 없어 그리되었습니다. 죽을죄를 지었나이다."

사또가 힐끗 보니 갓 스물이 될까 말까 한 여인네가 단아하게 소복을 차려입었는데, 타고난 미인으로 화장기가 없는데도 꽃처럼 어여뻤다. 사또는 차마 벌주지 못하고 특별히 방면했다.

밤이 되자, 사또는 심부름하는 아이를 불러 물었다.

"아까 말 주인이라던 그 여인은 어디 사는 여인네냐?"

"실은 소인의 누이입니다. 청상과부로 관아 근처에 혼자 살고 있습죠."

사또는 그 말을 듣고 마음이 크게 흔들렸다.

다음 날 저녁, 심부름하는 아이가 가만히 사또께 와 아뢰었다.

"소인의 누이가 사또의 너그러우신 처분에 감사하여 집에서 딴 배 한 바구니를 바치고 싶은데 감히 직접 가져올 수가 없다고 합니다."

사또는 속으로 옳다구나 하며, 괜찮으니 직접 들고 오라 해서는 기생을 방 안까지 불러들였다. 밤이 이슥해지자 심부름하는 아이는 문밖에서 짐짓 코고는 소리를 냈다. 사또가 기생의 손을 잡아당겨 앉혔다. 기생은 수줍은 척, 겁먹은 척하며 말했다.

"쇤네는 창기(娼妓)가 아니옵니다. 어찌 이러십니까?"

"밤이라 아무도 모른다."

그러고는 마침내 함께 잠자리를 했다. 그로부터 기생은 밤이면 들어갔다 새벽이면 나가니, 사또의 정은 깊어만 갔다. 하루는 기생이 사또에게 말했다.

"사또께선 저를 사랑한다 하시면서, 제 집이 겨우 홍살문 밖인데 어찌 한번도 안 오시어요?"

"그럼 찾아가마."

사또는 밤이 되기를 기다려 몰래 기생의 집으로 갔다. 옷을 벗고 베개를 베었는데 갑자기 문밖에서 웬 사내의 외침이 들렸다.

"내가 너를 박대하지 않았는데, 이제 와 나를 배신하다니 절대 용서할 수 없다."

사또가 어쩔 줄 몰라 멍하니 있으니, 기생이 말했다.

"저놈은 아주 포악한 놈이에요. 어서 저 농짝 안에라도 들어가 피하세요."

사또는 얼른 농 안으로 들어갔다. 뛰어 들어온 사내는 욕을 하며 소리를 질러 댔다.

"저 농짝 안에 든 옷은 몽땅 내가 해 준 것이니 관에 고소를 해서라도 되찾아야 네년한테 속은 분이 풀리겠다."

그러고는 굵은 새끼줄로 농짝을 묶어 걸머지고는 그대로 목사에게 갔다.

"소인이 해 준 물건들과 함께 그 기생년을 대령했습니다. 저는 결국 손해만 입었습니다. 전에 사 준 물건들이 모두 저 안에 들었으니 보시고 찾아 주십시오."

목사가 농짝을 열어 보게 하니, 벌거벗은 남자가 두 손으로 얼굴을 싸쥐고 엎드려 있는 것이 아닌가! 사람들이 몰려들어 보니 바로 사또였다. 구실아치들이 모두 소리를 질렀다.

"사또께서 농짝 안에 들어 계십니다."

관아 사람들은 경악했고, 이 이야기를 전해 들은 자들은 모두 입을 막고 웃어 댔다.

야사씨(野史氏)는 말한다.

"세상에 가장 알기 어려운 것이 사람의 진정과 거짓이다. 늘 도의(道義) 운운하고 예의를 차리며 절의를 자처하는 자가 실은 대단치 않은 사람일 수 있으며, 절의를 자처하지 않는 사람이라고 진짜 절의가 없는 것도 아니다. 전임자를 논할 때는 그리도 준엄하더니 미인을 보자마자 농짝 속에 갇혀 버렸으니, 참으로 우습다. 세상에 자신은 헤아리지 못하면서 남만 꾸짖는 사람치고 이 사또처럼 되지 않을 자가 몇이나 되겠는가."

홍만종이 저술한 소화집(笑話集) 『명엽지해』(蓂葉志諧)의 첫 편이다. '명엽'은 달력을 뜻하고 '지해'(志諧)는 '우스운 이야기를 적다'는 뜻이니, '명엽지해'는 '달력에 적은 우스운 이야기'라는 뜻이다. 홍만종은 병으로 두문불출하고 있을 때 마을 노인들이 문안 인사를 오면 재미있는 이야기를 들려 달라고 해 달력 뒤에 써 두곤 했다고 한다. 그 이야기들을 책으로 엮은 것이 『명엽지해』다. '야사씨'란 야사를 기록하는 사람이 스스로를 이르는 말이다. 야담(野談)이나 소화(笑話)에서 서술자가 이야기에 대한 논평을 할 때도 흔히 쓴다.

거울 때문에

깊은 골짝에 한 여인네가 있었다. 서울 저잣거리에 청동거울이라는 것이 있는데 둥글기가 보름달 같다는 소리를 듣고는 한번 보고 싶었지만 기회가 없었다. 어느 날 남편이 서울에 가게 되었는데, 거울이라는 말은 잊어버리고 때마침 보름이라 남편에게 이렇게 말했다.

"서울 저잣거리에 저 달처럼 생긴 물건이 있다고들 합디다. 꼭 사 오세요. 나도 구경 좀 하게."

남편이 서울에 도착했을 때 달은 기울어 반달이 되어 있었다. 달과 비슷한 물건을 찾느라 저잣거리를 기웃거리던 남편은 여인네들이 쓰는 빗을 보고 옳거니 하고 생각했다.

'마누라가 사다 달라고 한 물건이 바로 저것이로군.'

남편은 나무빗을 사서 집으로 돌아왔다. 달은 어느새 다시 차올라 보름달이 되어 있었다. 남편은 빗을 꺼내 아내에게 주었다.

"서울 저잣거리에 가니 이게 꼭 달처럼 생겼기에 비싼 값에 사 왔지."

아내가 보더니 달을 가리키며 투덜댔다.

"당신 보기엔 그래 이것이 저 달처럼 생겼단 말이오?"

"어? 서울 하늘의 달은 똑 이랬는데, 시골 하늘의 달은 다르니 이런 일이 있나?"

남편은 달이 찰 때에 맞춰 다시 서울로 갔다. 하늘을 올려다보니 밝은 달이 바로 거울과 같았다. 마침내 거울은 샀지만 비춰 볼 줄도 모르고 그대로 집으로 가져와 아내에게 주었다. 아내가 보니 거울 속 남편 옆에 웬 여자가 앉아 있었다. 아내는 평생 자기 얼굴을 본 적이 없었으니 그것이 자기인지도 모르고 남편이 새여자를 얻어 왔다며 마구 화를 내고 강샘을 부렸다. 남편은 해괴했다.

"내가 한번 봅시다."

남편이 보니 마누라 옆에 웬 남정네가 앉아 있었다. 남편 역시 한 번도 자신의 얼굴을 본 적이 없었던 터라 그것이 자기인지도 모르고 간통을 했다며 화를 내니 부부가 서로 싸웠다. 부부는 거울을 관아에 가져가 고소하기를, 아내는 남편이 새각시를 얻었다 하고 남편은 아내가 새서방을 얻었다고 했다. 사또가 말했다.

"먼저 그 거울이란 것을 가져와 보거라."

사또 역시 거울이란 것을 본 적이 없는지라 위엄 있게 관복을 차려 입고 있는 것이 자신인지도 모르고 신관 사또가 부임했다 여기고는 급히 심부름하는 아이를 불러 말했다.

"신관께서 부임하셨으니 즉각 봉인[1] 하라."
그러고는 판결을 중지하고 나갔다.

야사씨는 말한다.
"옛날에 어리석은 자가 있어 제 그림자가 따라오는 줄도 모르고 마구 달아나다가 그늘 속으로 피한 뒤에야 더 이상 따라오지 않는다고 여겼다는 말이 있다. 거울 속에 비친 모습이 누구인지도 모르고 관아에 가 고소를 한 부부나, 거울에 비친 인물을 신관으로 여긴 사또는, 그림자를 피해 그늘에 숨은 자와 더불어 바보 삼절[2]이라 할 만하지 않은가."

---

[1] 봉인(封印): 관아에서 잠시 공무를 그치는 것.
[2] 바보 삼절(三絶): '세 빼어난 바보'라는 뜻.

떡은 다섯 개

어떤 시골 노인이 바보 사위를 얻었다.

하루는 딸에게 떡을 만들도록 했다. 딸은 아버지 그릇에 떡 다섯 개를 놓고, 남편 그릇에는 일곱 개를 놓았다.

"그 떡 참 맛있네. 장인어른, 떡이 몇 개인지 세어 볼까요?"

떡을 세어 본 남편이 말했다.

"장인어른 떡은 다섯 개, 내 떡은 일곱 개. 맞지요?"

딸은 무안해서 아무 말도 하지 못했다.

밤이 되자, 딸이 남편에게 화를 내며 말했다.

"제가 당신을 사랑하는 마음에 떡 몇 개 더 얹었는데 왜 쓸데없이 개수를 세어 허물을 들춰내십니까?"

"당신 말이 맞군. 내 당신을 위해 변명해 드리리다."

그러고는 날이 채 밝기도 전에 장인의 침소로 가 갑자기 이렇게 말하였다.

"어제 제 떡은 다섯 개가 맞습니다."

야사씨는 말한다.

"문왕(文王)의 비(妃)는 시집간 뒤에도 부모에 대한 효심이 줄지 않아, 『시경』의 「주남」(周南) 편에서 그녀의 덕(德)을 칭송했다. 그런데 이 딸은 남편만 대접하고 아버지에게 박하게 한 것을 깨닫지 못하니 천하도다! 또 그 남편은 아내의 허물을 덮고 잘못을 감추려 했으니, 참으로 그 아내에 그 남편이로다."

수양 매월은 먹 이름

 우리나라에 먹을 생산하는 곳은 한두 군데가 아닌데, 그중 해주 수양산에서 나는 매월(梅月)을 으뜸으로 친다. 마침 어떤 재상이 황해도 감사를 지내다 온 일이 있었는데, 그 조카가 먹을 좀 달라 하자 재상은 없다고 딱 잡아뗐다. 앙심을 품은 조카는 숙부가 출타한 틈을 타 숙모에게 일러바쳤다.
 "숙부께서 사또로 계시더니 두 기생 년에게 혹해 푹 빠지셨습니다. 수양이란 년과 매월이란 년인데, 돌아와서도 연연해 잊지를 못합니다. 먹에 이름까지 새겨 왔는데 숙모는 모르셨지요? 내 말을 못 믿겠거든 먹을 한번 살펴보세요."
 부인이 즉시 궤짝을 열어 보니 수양 매월이라고 쓴 먹이 한 가득이었다. 순간 분이 치밀어 오른 부인이 궤짝을 냅다 집어 던졌고, 먹은 온통 땅바닥에 흩어져 버렸다. 조카는 소매 가득 먹을 주워 넣고 돌아갔다.
 저녁이 되어 집으로 돌아온 재상은, 먹을 넣어 두었던 궤짝이 땅에 나뒹굴고 있는 것을 보고 깜짝 놀라 어찌 된 일인지 물었다. 부인이 화난 목소리로 대답했다.
 "그리 좋아하는 기생 년의 이름이면 어찌 손바닥엔 새기지 않고 먹에만 새겨 왔소?"

 재상은 조카가 꾸민 짓이란 걸 눈치채고 부인에게 말했다.

 "해주 땅의 진산(鎭山)이 수양산이오. 그 산의 매화와 달이 좋다 하여 매월로 먹 이름을 지은 지가 오래되었소."

 부인이 믿지 않고 계속 욕을 해 대자, 재상은 곤욕스러워 어쩔 줄을 몰랐다. 이 일이 당시 사람들의 웃음거리가 되었다.

 야사씨는 말한다.

 "공자께서는 주공[1] 처럼 훌륭하다 한들 교만하고 인색하면 아무 짝에도 쓸모없다 하셨으니, 하물며 평범한 사람이야 어떻겠는가? 황해도 감사는 고작 먹 몇 개 나누어 주기를 아까워하다 결국 전부를 잃었으니 너무 인색해서 그런 것이 아니겠는가. 항우가 천하를 얻은 뒤에도 그 공을 나누기 아까워 인장(印章)만 새겨 놓고 주지 못하다 졸지에 죽음에 이르렀던 것[2] 또한 인색함 때문이 아니겠는가."

1_ 주공(周公): 주(周) 왕조를 세운 문왕의 아들이자 무왕의 동생. 형인 무왕이 죽자 나이 어린 조카 성왕을 도와 왕조의 기틀을 다졌다. 성인(聖人) 공자가 가장 본받고 싶어 했던 인물이다.
2_ 항우가~이르렀던 것: 항우는 용맹하고 강인했으나 그릇이 작아 자신의 부하 장수도 믿지 못했고, 공신(功臣)을 봉작(封爵)해야 하는데도 그것이 아까워 인장을 새겨 놓고도 주지 못했다. 결국 유방에게 천하를 빼앗겼다.

거웃 한 오라기 나누어 갖기

호남에 있는 한 절에서 무차대수륙재[1]가 열리자, 남정네 여인네 할 것 없이 북적북적 모여들어 구경꾼만 수천을 헤아렸다. 재가 끝나고 어린 사미승 하나가 도량을 청소하다가 여인네들이 모여 앉았던 곳에서 우연히 거웃[2] 한 오라기를 주웠다.

'기찬 보물을 얻었다!'

사미승이 거웃을 쥐고 팔짝팔짝 뛰어다니니 다른 스님들이 몰려들어 빼앗아 가지려 했다. 사미승은 꼭 잡고 놓지 않았다.

"내 눈을 뽑고 팔을 잘라도 이것만은 줄 수 없어요."

"이런 보물을 가지고 우리끼리 다투어서는 안 되지. 여러 사람의 말을 들어 보고 결정해야 해."

그리하여 스님들은 종을 쳐 회의를 소집했다.

가사를 차려 입고 식당에 죽 둘러앉은 스님들이 사미승을 불렀다.

"그 물건은 도량에 떨어진 것이니 당연히 절의 물건이다. 네가 주웠다고 어찌 감히 혼자 가지려 드느냐?"

놀란 사미승이 거웃을 스님들 앞에 내놓았고, 스님들은 유리로 된 바리때에 거웃을 담아 불단(佛壇) 위에 올려놓았다. 한 스

1_ 무차대수륙재(無遮大水陸齋): 물과 땅을 떠도는 귀신과 아귀에게 공양을 올리는 재.
2_ 거웃: 음모(陰毛).

님이 말했다.

"삼보3_와 함께 영원히 전할 보배로 삼읍시다."

그러자 스님들이 저마다 지껄였다.

"그러면 우리들은 무슨 재미란 말이오!"

"조금씩 잘라 나눠 가집시다."

"두어 치밖에 안 되는 물건을 이 많은 사람이 어떻게 나눠 갖는단 말이오!"

그때 끄트머리에 앉아 있던 한 객승(客僧)이 앞으로 나서며 말했다.

"소승의 생각은 이렇습니다. 그것을 커다란 가마솥에 넣어 돌로 눌러 놓고 물을 가득 채운 뒤, 그 물을 여럿이 나누어 마시면 모두에게 좋지 않을까요? 소승 같은 객승에게도 한 잔 나누어 주시면 더없이 좋고요."

"스님 말씀이 참으로 옳소!"

마침 그 절에는 가슴앓이로 오래 고생하는, 100세를 넘긴 노승이 있었다. 추위 때문에 두문불출하고 있다가 거웃 담근 물을 나눠 준다는 말을 듣고는 문을 열고 불쑥 나타났다.

"어디서 오신 스님이신데 그리 공정한 방도를 내시었소. 거웃을 잘라 가졌다면 나 같은 병든 늙은이에게야 털끝만큼이라도 차례가 돌아왔겠소? 이제 스님의 제안으로 그것을 한 잔 맛볼 수

3_ 삼보(三寶): 불교의 불보(佛寶)·법보(法寶)·승보(僧寶)를 이르는 말.

있게 되었으니 맛보고 나면 당장 저녁에 죽어도 좋겠소. 스님은 참말로 성불하실 것이오! 성불하실 것이오!"

야사씨는 말한다.

"부처님께서는 육진[4] 중에 색진(色塵)에 물들기가 제일 쉽다고 하셨다. 거웃 한 오라기 담근 물로도 수많은 승려가 희열에 빠졌으니 직접 경국지색(傾國之色)이라도 보게 되면 어떠하겠는가! 그러니 성인께서 여색을 멀리하라 훈계하신 것이다."

4_ 육진(六塵): 색(色)·성(聲)·향(香)·미(味)·촉(觸)·법(法) 여섯 가지로, 중생의 참된 마음을 더럽히는 것들이라는 뜻이다.

스님이 먹어 봐야 먹은 거지요

한 늙은 스님이 손수 비탈밭을 일구어 메밀을 심었다. 메밀 싹이 나자 스님은 좋아서 말했다.
"올해는 국수를 실컷 먹겠구나."
그러자 사미승이 말했다.
"그야 스님이 먹어 봐야 먹은 거지요."
이럭저럭 메밀 수확할 때가 다 되었다.
"국수 뽑아 먹을 날이 다가오는구나. 배불리 먹겠다."
그러자 사미승이 또 말했다.
"그야 스님이 먹어 봐야 먹은 거지요."
바야흐로 봄도 다 가고, 메밀국수를 뽑아 커다란 쟁반에 담아 놓으니 국수 냄새가 코에 가득 풍겼다.
"이렇게 국수를 뽑아 놓으니 어찌 배부르지 않으랴!"
그러자 사미승이 또 말했다.
"그야 스님이 먹어 봐야 먹은 거지요."
마침내 스님은 화를 벌컥 내며 소리를 질렀다.
"국수 뽑아 놓고 한번 배불리 먹으려는데, 그래 한다는 소리가 또 그 소리냐? 그놈의 말본새가 어째 그 모양이냐?"

스님은 사미승을 한 대 갈기려고 지팡이를 들고 벌떡 일어나다 그만 국수를 뒤집어엎고 말았다.

사미승은 후닥닥 달아나면서 입을 놀렸다.

"그것 보세요! 제가 스님이 먹어 봐야 먹은 거라고 했잖아요!"

다른 스님들이 그 모습을 보고 박장대소하니, '스님이 먹어 봐야 먹은 것'이라는 말이 여기서 나온 것이다.

야사씨는 이렇게 말했다.

"속담에 '물 한 모금 마시는 것, 쌀 한 톨 쪼는 것도 다 운수에 달렸다'는 말이 있으니, 사미의 말은 참으로 지혜롭다 할 만하다. 아! 성인은 허투루 '반드시'라는 말을 하지 않으셨다. 메밀을 심으면 국수를 먹게 되는 것이 당연할 것 같지만 결국에는 그렇게 되지 못했으니, 세상일이란 이처럼 어려운 것이다."

약속을 저버린 두 선비

옛날에 갑과 을이라는 두 선비가 있었다. 두 사람은 절친하여, 공부를 위해 책 상자를 짊어지고 서울로 떠날 때도 늘 함께였다. 열심히 공부하여 실력을 닦아 성공할 것을 다짐하며, 자신들만은 세도가의 문객질 같은 짓으로 지조를 더럽히지 말자고 서로 맹세하곤 했다.

두 선비는 여러 차례 과거에 응시했으나 급제하지 못한 채 세월만 갔다. 어느 날 문득 갑은 이런 생각을 했다.

'나이는 자꾸 들어 가는데 이렇게 이름 한 자 얻지 못했으니, 겉으로는 큰소리쳤지만 차라리 몰래 세도가에게 청탁을 넣어 실리를 취하는 편이 더 낫지 않을까?'

이윽고 갑은 새벽을 틈타 몰래 세도가의 집을 찾았다. 대문이 열리고 하인들이 나오기 시작하자, 뇌물을 들고 찾아와 기회를 살피는 자들이 줄을 섰다. 갑은 여러 겹의 문을 지나 마침내 안으로 들어갈 수 있었는데, 멀리 대청 위로 촛불 그림자가 희미하게 어른거리고 있었다. 주인 영감이 금방이라도 관아에 나갈 듯하자, 갑은 협문 밖에서 청지기를 불러 자신의 이름을 올려 줄 것을 간청했다. 그러나 청지기는 객실 쪽을 가리키며 말했다.

"대감께서는 아직 기침 전이니 저쪽에서 잠시 기다리시오."

하는 수 없이 갑은 객실 문을 열고 들어갔다. 그런데 그곳에는 을이 먼저 와 앉아 있는 것이 아닌가! 두 사람은 서로를 보고는 너무나 놀라, 부끄러워 어찌할 바를 모르다가 달아나 버렸다. 이 이야기를 들은 사람들은 모두 배를 잡고 웃어 댔다.

야사씨는 말한다.

"두 사람의 약속이 진실로 선비다운 본심에서 나온 것이라면 처음부터 벼슬에 뜻을 두거나 이욕에 빠지지는 않았을 것이다. 뜻한 바가 굳건하지 못해 결국 지조를 지키지 못한 채 스스로를 속이고 또 남까지 속이게 되었으니, 이는 사람이 아무리 몰래 숨기려 해도 하늘이 알고 귀신이 안다는 경계(警戒)를 잊었기 때문이다. 이로 미루어 본다면, 사람이 하지 못할 짓이 어디 있겠는가? 아! 세상에 고상한 말이나 하고 큰소리치는 자들 중에 두 선비 같은 무리가 없지 않을 것이니, 슬픈 일이다!"

그렇지, 나는 누이가 없지!

한 어리석은 사또가 동헌에 앉아 있었다. 형리(刑吏)가 사또 앞에 서 있는데, 심부름하는 아이가 형리에게 다가와 말했다.

"제 누이가 죽었습니다."

사또는 자기 누이의 부음으로 잘못 듣고는 저도 모르게 대성통곡을 했다. 잠시 뒤 울음을 그치고는 물었다.

"언제 임종하셨다더냐? 무슨 병으로 운명하셨다더냐?"

심부름하는 아이가 앞으로 나와 대답했다.

"사또께 고하는 부음이 아니옵고 형리께 고한 부음이옵니다."

사또는 눈물을 닦고 천천히 말했다.

"그렇지! 나는 누이가 없지!"

야사씨는 말한다.

"관리가 백성을 가까이 대하는 데도 마땅히 삼가고 절도가 있어야 하는 법이다. 예부터 전관[1]이 벼슬아치를 천거할 때 세력에 의지하지 않으면 사사로운 연줄에 의거한 까닭에 이처럼 어리석은 자까지 목민관의 자리를 차지할 수 있었던 것이다. 이

---

[1] 전관(銓官): 이조(吏曹)의 낭관(郎官)을 이르는 말. 벼슬아치의 인사를 맡은 관리였다.

어찌 조정을 가벼이 여기고 또 백성을 해치는 일이 아니겠는가! 세상에 도리 없음이 참으로 안타깝도다!"

이마를 만지면 상객

어떤 사또가 있었는데, 성품이 인색하여 원망을 많이 들었다. 아랫사람에게 미리 일러두기를,

"손님이 오거든 너는 내가 어디를 만지는지 잘 보거라. 이마를 만지면 중요한 상객(上客)이요, 코를 만지면 그저 그런 중객(中客)이요, 수염을 만지면 하찮은 하객(下客)이니 그에 따라 알맞은 상차림을 준비하도록 하거라."
라고 하였다. 그 내막을 알게 된 사람 하나가 있었다. 그는 사또를 찾아와 먼저 이런저런 안부를 묻더니, 갑자기 사또의 이마를 자세히 들여다보며 작은 소리로 말했다.

"사또, 이마에 벌레가 앉았습니다."

사또는 얼른 손을 들어 이마를 만졌고, 하인은 그 손님을 상객으로 알고 한 상 잘 차려 대접하였다.

야사씨는 말한다.

"내가 잔꾀를 부려 남을 대하면 남도 머리를 써서 나를 속일 것이다. 그러니 남을 대하는 데 정성을 다하지 않아서야 되겠는가?"

골동 좋아하다 거지가 된 사람

옛날에 골동을 좋아하는 사람이 있었다. 집도 꽤 넉넉해 옛날 물건이 있다는 소문만 들으면 재산을 털어 사고야 말았다.

어떤 사람이 깨진 표주박을 가지고 왔다.

"이것이 바로 허유1_가 귀를 씻을 때 썼다는 그 표주박이지요."

그는 백금을 주고 샀다.

어떤 사람은 다 떨어진 방석을 가져왔다.

"이것이 바로 공자께서 강의할 때 살구나무 단(杏壇) 위에 깔고 앉으셨다던 그 방석이오."

그는 또 백금을 주고 샀다.

또 어떤 사람은 지팡이 하나를 가져왔다.

"이것이 바로 비장방2_의 대나무 지팡이오."

그는 그것도 백금을 주고 샀다.

이로써 가산(家産)을 모두 탕진했지만 스스로는 얻은 것이 많다고 생각하였다.

어느 날 흐뭇한 표정으로 일어나 왼손에 표주박을 들고, 오른손에 지팡이를 짚고, 겨드랑이엔 방석을 끼고서 비틀비틀 걸

1_ 허유(許由): 중국 고대의 은자. 요임금이 양위하고자 했으나 거절하고, 더러운 말을 들었다며 흐르는 강물에 귀를 씻었다는 이야기가 있다.
2_ 비장방(費長房):『신선전』에 나오는 인물. 선인(仙人) 호공(壺公)을 만나 병과 재앙을 물리치는 신통력을 갖게 된 자다. 호공을 따라 신선 세계에 들어갔다가 대나무 지팡이를 타고 집으로 돌아왔는데, 집에 도착한 뒤 호수에 지팡이를 던지니 지팡이가 청룡(靑龍)이 되었다고 한다.

어 나가니 완전히 거지꼴이었다. 사람들은 그가 골동 좋아하다 파산한 것을 보고 입을 가리고 비웃었다.

야사씨는 말한다.
"이 사람은 '옛것을 좋아한다'는 헛된 명성을 얻는 데 힘쓰다가 스스로 파산하기까지 이르렀다. 아! 이 어찌 평범한 사람들만 경계해야 할 일이겠는가!"

첫날밤 신부의 내숭

어떤 신부가 있었다. 첫날밤, 유모가 신부를 신방으로 데려가려는데 신부가 한사코 가지 않겠다고 버티었다. 억지로 신부를 들쳐 업고 신방 앞까지 간 유모는 급한 마음에 문고리가 아닌 문지도리를 계속해서 잡아당겼다. 그러니 아무리 당겨도 문이 열릴 리 만무했다.

겉으로 싫은 척하던 신부는 내심 답답하기 짝이 없어 결국 입을 열었다.

"문이 열려도 나는 절대 안 들어 갈 테야. 유모가 잡아당기는 게 문고리가 아니라 문지도리라도 말이야!"

야사씨는 말한다.

"이 신부가 신방에 들어가기를 거부한 것은 그저 처음에만 내숭을 떨어 본 것일 뿐이다. 그러니 막상 일이 더뎌지자 참지 못하고 재빨리 유모의 잘못을 지적한 것이다. 세상에 명예를 구하는 자들이 처음에는 지조를 지키는 척하다 결국 타락하는 것도 이와 다를 바 없다."

방귀 뀐 사람은 나

신부가 시부모께 처음으로 선을 보이는 날이었다. 친척들이 모두 모인 가운데 아름답게 꾸민 신부가 나타나니 보는 사람마다 칭찬이요, 감탄이었다.

시부모 앞에 술잔을 올릴 때였다. 신부가 갑자기 뽀옹 하고 방귀를 뀌었다. 친척들이 웃음을 참으며 서로 돌아보았다. 그때 얼굴이 빨개진 유모가 자신이 방귀를 뀌었다고 자처하고 나섰다.

"쇤네가 늙어 뒤가 약해졌는지 그만 실례를 했습니다. 정말 죄송합니다."

시부모는 유모에게 착하다며 비단 한 필을 상으로 주었다. 그러자 신부가 그것을 빼앗으며 말했다.

"방귀 뀐 사람은 난데, 왜 유모가 상을 받아?"

둘러앉은 사람들이 모두 입을 가리고 웃었다.

야사씨는 말한다.

"유모가 방귀를 뀌었다고 자처한 것은 주인의 실수를 가려 주기 위한 것으로, 참으로 훌륭한 임기응변이라 할 수 있다. 그런데도 비단에 눈이 먼 신부는 부끄러움도 모르고 상을 다투었으니, 그 마음이 참으로 비루하다. 그러니 인품의 높고 낮음은 분명 태어난 신분으로 따질 수 없는 것이다."

다리 없는 신부

첫날밤, 신랑이 신부와 막 일을 치르려 할 때였다. 이불 속으로 손을 넣어 더듬는데 신부의 다리가 없었다. 깜짝 놀란 신랑은 생각했다.

'내가 다리 없는 여자를 얻었구나. 이 일을 어이할꼬?'

그러고는 급히 장인을 찾아 어찌 된 일인지 따져 물었다.

이상히 여긴 장인이 딸을 불러 어찌 된 일이냐고 물으니, 딸이 대답했다.

"일을 치르려 하기에 먼저 다리를 들었더니 그 야단이지 뭐예요?"

야사씨는 말한다.

"사지가 온전한 사람을 다리가 없다고 의심하다니 너무 어리석지 않은가? 거꾸로 매달렸다고 했으면 또 모를까."

너무나 노련한 신랑

신부가 첫날밤을 치른 다음 날이었다. 문안 인사를 온 신랑 집 종에게 신부가 대뜸 물었다.
"나리께 첩이 있느냐?"
"없사옵니다."
"나를 속일 생각 마라. 첩이 없는데도 다루는 솜씨가 그리 노련하더란 말이냐?"

야사씨는 말한다.
"음양의 이치를 모르던 깊은 규중 처녀가 난생처음 일을 치렀으니 상대가 대단히 노련하다 여길 수도 있겠다. 아니면 성인(聖人)이 성인을 알아본 것인가?"

며느리보다 더한 시어머니

어떤 노파의 아들이 장가를 들었다. 하루는 노파가 며느리에게 옛날이야기나 한 자락 해 보라고 하였다.
"최근에 있었던 일도 되나요?"
"그럼."
"제가 친정에 있을 때였어요. 우물물을 길러 갔는데 옆집 총각 김 아무개가 저를 삼밭으로 끌고 가더니 제 다리를 들고는 오르락내리락하더군요. 저도 모르게 점점 눈이 가늘어지더니 사지가 풀어지는 것 같았어요. 이런 것도 옛날이야기가 되나요?"
노파는 얼굴빛이 변했다.
"그럼 벌써 예전에 몸을 버렸다는 말이 아니냐? 이런, 썩 나가거라!"
며느리는 집을 나서다 마침 가깝게 지내던 마을 아낙이 지나가는 것을 보고, 시댁에서 쫓겨난 사정을 이야기하며 작별 인사를 했다. 그러자 아낙이 말했다.
"새댁이 왜 쫓겨 가나? 내가 해 줄 말이 있네. 새댁 시어머니도 몸가짐을 바르게 하지 못한 주제에 어찌 새댁에게 그리할 수가 있는가? 옛날에 자네 시어머니가 북쪽 암자에 사는 중하고 몰래 정을 통한 일이 있었지. 그러다 발각되어 커다란 북을 지고, 맷돌을 이고, 화살을 귀에 꿰고는 마을을 한 바퀴 돌았다네. 이 마을 사람이면 애나 늙은이나 그 일을 모르는 사람이 없어."

며느리는 그 이야기를 듣고 너무 기뻐 시댁으로 달려갔다.

"쫓아냈더니만 어째서 다시 돌아왔느냐?"

"소문을 들으니, 어머니 행실은 저보다 더하시던데요."

그러고는 들은 이야기를 자세히 전하니, 노파가 놀라며 말했다.

"어디서 그런 소리를 들었느냐? 틀렸다. 그때 내가 진 북은 큰북이 아니라 작은북이고, 머리에 인 맷돌도 손맷돌이지 큰 맷돌이 아니었다. 화살도 군대에서 쓰는 무기 같은 게 아니었다. 이런 촌에 어디 그런 것이 있었겠냐? 그저 쑥대로 만든 가짜 화살을 귀에 걸었던 거야. 이제부터 그런 쓸데없는 소릴랑 하지 말거라."

야사씨는 말한다.

"자기 행실이 올발라야 남도 꾸짖을 수 있고, 자기 잘못이 없어야 남의 잘못도 비난할 수 있는 것이다. 노파는 자기 행실이 바르지 못했던 것도 잊고 며느리 몸 버린 것만 심하게 꾸짖었으니, 속담에 '가마솥 밑이 노구솥 밑을 검다 한다'는 말이 바로 이런 경우를 이르는 말이다. 세상에 자기도 허물이 있으면서 남의 잘못만 비난하는 자는 이를 거울삼아 경계해야 할 것이다."

아가, 몸을 돌려라

어떤 마을에 시어머니와 며느리가 있었다. 함께 밭에 가 김을 매는데 갑자기 소나비가 쏟아졌다. 집으로 돌아가려 했지만 순식간에 냇물이 불어나 건널 수가 없었다. 할 수 없이 물가를 서성이고 있는데, 지나가던 소년이 말했다.

"날은 저물어 가는데 물은 깊고 여자들이 건너기 어렵겠습니다. 제가 업어다 건네드릴까요?"

"아이고, 다행이네. 먼저 우리 며느리부터 건네주고 나는 나중에 건네주면 되겠소."

소년은 바로 며느리를 업고 냇물을 건넜다. 저쪽 물가에 도착한 소년이 며느리를 껴안고 일을 치르니, 시어머니가 멀리서 보고는 소리를 질렀다.

"아가! 아가! 몸을 돌려라! 몸을 돌려!"

잠시 뒤 소년은 시어머니를 건네다 주고는 역시 껴안고 일을 치렀다. 며느리가 입을 비쭉이며 말했다.

"저더러는 몸을 돌리라고 하시더니, 그래, 어머니는 몸이 돌아갑디까?"

야사씨는 말한다.

"시어미가 간음하는 며느리를 심하게 질책하다가 막상 자신이 당하자 기꺼이 받아들였으니 며느리가 입을 비쭉일 만하다. 아! 세상 사람들은 남의 잘못은 한 치의 틈도 없이 매섭게 질책하면서 자신의 잘못은 얼렁뚱땅 가볍게 넘어가니, 이 이야기와 다를 바가 무엇인가?"

생니가 한 자루

　　선비 최생(崔生)이 함흥 통판(咸興通判: 통판은 판관의 다른 이름)이 되어 부임하는 부친을 따라갔다가 한 기생에게 폭 빠졌다. 부친의 임기가 차자 최생은 기생과 이별을 하게 되었다. 기생은 최생의 손을 부여잡고 눈물을 흘리며 말했다.
　　"한번 이별하면 다시 뵙기 어려우니 서방님 몸의 일부를 무엇이든 떼어 주시면 한평생 간직하고 잊지 않으렵니다."
　　최생은 울며 생니 하나를 뽑아 주었다.
　　떠나는 길에 중간쯤 갔을까? 말에게 꼴을 먹일 겸 나무 그늘 아래 앉아 있으니 기생이 보고픈 마음에 눈물이 줄줄 흘렀다. 잠시 뒤 한 젊은이가 그늘 아래로 오더니 훌쩍이며 눈물을 닦았다. 잇따라 또 한 젊은이가 오더니 역시 눈물을 흘렸다. 무슨 일인가 싶어 최생이 물었다.
　　"자네들은 왜 우나?"
　　한 젊은이가 말했다.
　　"소인은 서울 재상집의 종입니다. 일찍이 함흥 기생에게 빠져 오래도록 사랑했사온데 통판 자제가 그 기생을 총애하게 되었습니다. 그래도 옛정이 있어 틈만 나면 만나 보곤 했는데, 이

번에는 감사의 자제가 와 그 기생을 들이더니만 아예 문을 굳게 닫고 내보내지를 않습니다. 그래서 포기하고 돌아가자니 눈물이 날 뿐입니다."

또 한 젊은이가 말했다.

"소인은 본래 서울 상인(商人)입니다. 작년에 북관(北關)에 갔다가 사또 자제가 절색인 기생 하나를 데리고 산다는 소문을 들었지요. 그 기생을 돈을 먹여 꾀어내서는 몰래 틈틈이 만나곤 했는데, 정이 이루 말할 수 없이 깊었지요. 사또 자제가 서울로 돌아가게 되어 이제야 겨우 마음껏 즐길 수 있겠구나 생각했는데, 뜻밖에 감사의 자제가 나타나 그 애를 데려다가는 관아 깊숙이 감춰 놓았으니 다시는 볼 수 없게 되고 말았습니다. 가슴이 찢어지는 것 같은데, 나리께서 울고 계시고 또 저 사람도 저렇게 눈물을 훔치고 있으니 자연히 슬픔이 북받쳐 저도 모르게 눈물을 흘리고 말았습니다."

최생이 그 기생의 이름이 무엇이냐 물으니 두 젊은이가 동시에 대답하는데, 바로 자신이 사랑한 그 기생이었다. 최생은 아연실색하였다.

"아이고! 아이고! 그 천한 것을 뭐하러 그리워했던고?"

그러고는 종에게 당장 가서 생니를 찾아오라 시켰다. 기생은 종을 보고는 박장대소하며 말했다.

"어리석은 놈! 백정더러 살생하지 말라는 소리나 기생더러 수절하라는 소리나, 어리석지 않으면 망령 난 소리가 아니더냐?"

그러고는 포대 자루 하나를 꺼내 뜰로 툭 던지며 말했다.

"네 주인의 이빨이 어느 겐지 내가 어찌 알겠냐? 네가 알아서 찾아가려무나."

종이 포대를 열어 보니 이가 가득한데, 족히 서너 말은 되어 보였다. 종은 웃으며 물러날 수밖에 없었다.

야사씨는 말한다.

"양자[1]는 천하가 이롭다 해도 자기 머리카락 한 올을 뽑지 않겠다 했거늘, 하물며 계집 하나에 미쳐 부모가 물려준 신체를 함부로 했으니 이는 지극히 어리석은 자다. 나무 아래서 두 사람의 말을 듣고서야 창기의 음란함과 더러움을 깨닫고, 뽑아 준 이를 돌려받고자 하다니. 설령 이를 찾는다 해도 다시 심을 수야 있겠는가?"

1_ 양자(楊子): 중국 전국시대의 학자 양주(楊朱, BC 440?~BC 360?). 자기의 즐거움이 최상이라는 '위아설'(爲我說)을 주장했다.

서답이 아니라 모자

어떤 기생에게 혹해 관서 지방에 몇 달이나 머물고 있는 어리석은 선비가 있었다. 어느 날 저녁, 행수 기생[1]이 선비의 기생을 급히 불렀다.

"별성[2]이 우리 고을에 왔다. 너를 들여보낼 것이니 어서 빨리 화장하고 오너라."

그 소식을 들은 선비가 울며 말했다.

"오늘 밤 결국 네가 욕을 면치 못할 것이니 나는 어쩌란 말이냐?"

"제게 좋은 생각이 있으니 걱정 마세요."

그러더니 기생은 서답[3]을 차고 나갔다. 선비는 매우 기뻤다. 그런데 몰래 기생을 뒤따라가 엿보니, 관사(官舍)에 도착한 기생이 바로 서답을 풀어서는 담장 위 기왓장 밑에 감추고는 신나게 상방(上房)으로 뛰어 들어가는 것이 아닌가!

몹시 화가 난 선비는 서답을 꺼내 집으로 돌아왔다. 서답을 손에 꼭 쥔 채 등불 아래 앉았으니 잠도 오지 않았다.

'내가 저를 그토록 아꼈건만 어떻게 나를 속일 수가 있나?'

분한 마음에 한참을 앉았다가 문득 쓰러져 잠이 들었다.

1_ 행수 기생(行首妓生): 기생의 우두머리.
2_ 별성(別星): 왕명을 받들고 외국으로 가는 사신(使臣).
3_ 서답: 생리대.

새벽이 되자 관사를 나온 기생이 기왓장 밑을 뒤졌으나 서답은 이미 없었다. 선비가 가져간 것이라 짐작하고 집으로 돌아온 기생이 몰래 방 안을 엿보니, 선비가 서답을 손에 쥔 채 깊은 잠에 빠져 있었다. 기생은 가만히 선비의 모자를 벗겨 서답 대신 손에 쥐어 주고 나와서는 서답을 다시 예전대로 찼다. 그러고는 느닷없이 선비를 불러 깨웠다.

"주무시나요? 제 계책이 성공했어요."

선비는 놀라 일어나서는 마구 소리쳤다.

"아이고! 아이고! 네가 한 짓이 다 탄로 났다. 들어와 내 손에 쥔 것을 봐라."

기생이 문을 열고 들어섰다.

"뭘 보라는 거예요?"

"네 서답이 여기 있는데 무슨 할 말이 있단 말이냐?"

기생은 짐짓 웃으며 말했다.

"서답은 제가 차고 있는데 무슨 소리예요? 다시 잘 보세요. 모자를 서답이라 하는 걸 보니 아직도 잠이 덜 깨신 게구려?"

선비가 자세히 보니 정말 모자였다. 선비는 이상한 마음이 들었다.

'어찌 된 일인고? 꿈이었다는 말인가?'

그러더니 기쁜 얼굴로 기생의 등을 어루만졌다.

"네가 정녕 나를 버리지 않았구나!"

야사씨는 말한다.

"모자와 서답은 애초에 서로 혼동할 만한 물건이 아니다. 그러니 꿈과 생시를 구별 못할 일 또한 아니었다. 그런데도 어리석은 선비는 기생의 잔꾀에 넘어가 자신의 어리석음을 깨닫지 못했으니, 여인네가 사람을 홀리는 것이 이리도 심하구나! 아아! 세상에 지식깨나 있다는 자들도 여색에 혹해 신세를 망치는 일이 종종 있으니, 모두 이와 같은 경우라 할 것이다. 어찌 경계하지 않을 수 있겠는가!"

바둑에 미치면

 바둑을 몹시 좋아하는 사람이 있었다. 이웃집에서 막 바둑을 두고 있는데, 대국(對局)이 한창 흥미진진할 무렵 여종이 정신없이 달려와 아뢰었다.
 "나리, 집에 불이 났습니다."
 그는 바둑판에 바둑돌을 놓으며 느릿느릿 말했다.
 "불이라……, 이 무슨 불인고……?"
 또 어떤 사람은 손님과 바둑을 두고 앉았는데, 고향에서 막 올라온 여종이 말했다.
 "주인 영감께서 돌아가셨습니다."
 그는 여전히 바둑돌을 놓을 곳을 찾으며 말했다.
 "아버님이 정말 돌아가셨단 말이냐, 애석하구나!"
 이 이야기를 듣고 배를 잡고 웃어 대지 않는 사람이 없었다.

 야사씨는 말한다.
 "심하구나! 바둑이 사람을 망침이! 집에 불이 나도 모르고, 아비가 죽어도 그만둘 줄 몰랐으니. 집에 불이 난 것은 그렇다 쳐도 아비가 죽었다는 말을 듣고도 그만두지 않은 것은 사람의 도리가 아니다. 옛날, 모친이 돌아가셨다는 소식을 듣고도 두던 바둑을 그만두지 않았던 완적[1]은 바둑이 끝난 뒤 피를 몇 됫박이나 토했다. 결국 인륜을 어긴 벌을 받은 것이다. 하물며 완적만 못한 자에 있어서랴."

1_ 완적(阮籍): 210~263. 중국 위나라 때의 사상가로, 죽림칠현 중 한 사람. 유교적 전통과 기성 권력에 반항하여 기행(奇行)을 일삼은 것으로 유명하다.

엉터리 과거 시험

해남 유생 윤민(尹敏)이 과거를 치를 때였다. 당시 시험관이 사사로이 봐준다는 소문을 들은 태인군(泰仁郡: 지금의 전라북도 정읍)의 여러 선비가 과거 시험의 시제(詩題)를 바꿀 것을 요청한 일이 있었다. 그리하여 애초에 '현룡재전'(見龍在田: '용이 밭에 있다'는 뜻)1_이었던 시제가 '집극오'(集戟烏: '삼지창을 걸어 두는 틀에 까마귀가 모여들었다'는 뜻)2_로 바뀌었다.

윤민은 글을 잘 지었으므로 꼭 합격할 자신이 있었지만 성격은 다소 소심한 편이었다. 시제가 바뀐 것도 모른 채 '현룡재전'으로 글을 짓기 시작했는데, 한자리에 앉아 과거를 보는 사람들은 서로 말하는 법이 없으니 일이 잘못된 것을 알지 못했다. 시험지를 반쯤 채웠을 때였다. 마침 시험을 치르고 일어난 사람이 윤민의 시험지를 보고는 중얼거렸다.

"오늘의 시제는 '집극오'인데 이 친구는 어째서 '현룡재전'으로 글을 지을꼬?"

"시험관이 낸 시제가 '현룡재전'인데 무슨 말이오?"

상대가 껄껄 웃으며 말했다.

"자네가 잘못 알았네그려. '현룡재전'이었던 시제가 '집극

1_ 현룡재전(見龍在田): 『주역』의 "나타난 용이 밭에 있으니 대인(大人)을 봄이 이롭다"(見龍在田, 利見大人)라는 구절에서 가져온 것이다. 성인(聖人)의 출현을 예언하는 말이다.
2_ 집극오(集戟烏): 『당서』(唐書)「유중영전」(柳仲郢傳)에 나오는 말. 유중영이 간의대부(諫議大夫: 임금에게 간언하는 벼슬)가 되자 그가 가는 곳마다 까마귀가 모여들어 뜨락의 삼지창을 걸어 두는 틀에 올라앉았다가 5일이 지난 뒤에 흩어졌다고 한다.

오'로 바뀌었다네. 다른 사람들은 모두 '집극오'로 짓고 있는데 자네만 모르고 있구먼."

윤민은 여전히 믿기지가 않아 근처에 앉아 시험을 보는 사람들에게 물었다.

"시제가 무엇이오?"

"시험이 다 끝나 가는데 이제야 시제를 묻는 사람이 어딨소?"

"나는 '현룡재전'으로 짓고 있는데, 이 사람이 시제가 '집극오'라 하기에 그렇소."

사람들이 손뼉을 치고 웃으며 말했다.

"'현룡재전'으로 몇 구절이나 지었소?"

"이미 반이나 채웠소."

"다 쓰기 전에 안 것만도 다행이외다그려."

윤민은 그제야 너무나 놀랐다.

'이미 반 이상을 썼는데 어찌 다시 고친단 말인가!'

결국 제목만 지워 '집극오'로 고쳐 쓰고는 내용은 '현룡재전' 그대로 낼 수밖에 없었다. 주위에서 보고 있던 사람들이 웃으며 말했다.

"제목과 내용이 다르다고 너무 걱정 말고 방이 나붙기를 기다려 보시오."

"무슨 말이오?"

"시험관이 모두 셋인데 한 사람은 이미 부정을 저질러 여러 선비에게 욕을 먹고 풀이 죽어 있고, 또 한 사람은 겨우 등과는 했으나 나이가 많아 이미 노쇠했고, 나머지 한 사람은 일자무식이라 '닭 계' 자를 써 놔도 높은 점수를 줄 판인데, '용 룡' 자인지 '까마귀 오' 자인지 어찌 구별할 수 있단 말이오? 제목을 바로 썼으니 합격할 수 있소."

방이 나붙자 과연 윤민은 합격이었다.

야사씨는 말한다.

"시험관이 문장에 능하다 해도 자칫 뛰어난 답안을 놓치기 십상인데, 하물며 엉터리 시험관이라면 어떻겠는가? 게다가 '용 룡' 자와 '까마귀 오' 자조차 구별 못 하는 시험관이 많아 군자(君子)가 배척 당하고, 소인(小人)이 판을 치며, 뛰어난 선비가 드러나지 못하고 천시 당하니 참으로 개탄스러운 일이다. 아아! 요행히 쉽게 과거에 합격한 자가 어찌 윤민 한 사람뿐이겠는가!"

치마끈 푸는 소리

정철과 유성룡[1]이 교외에서 나그네를 전송하고 있었다. 마침 이항복, 심희수, 이정구[2] 세 사람도 그 자리에 있었다. 술판이 무르익자 '제일 좋은 소리'에 대한 이야기가 나왔다. 정철이 먼저 말했다.

"밝은 달밤 누각 위를 지나는 구름 소리가 좋지!"

심희수가 뒤를 이었다.

"붉게 물든 가을 산봉우리서 부는 바람 소리가 제일이지요!"

유성룡이 말했다.

"몽롱한 새벽 창 아래서 작은 술잔에 술 따르는 소리에 묘미가 있지!"

이정구가 이어 말했다.

"산속 초당(草堂)에서 젊은이가 시 읊조리는 소리 또한 아름답지요!"

그러자 이항복이 웃음을 지으며 말했다.

"모두 다 좋은 소리겠습니다마는, 듣기 좋기로야 그윽한 밤 깊숙한 방에 사랑하는 이 치마끈 푸는 소리만 하겠습니까?"

그 말에 모두들 한바탕 크게 웃었다.

---

[1] 유성룡(柳成龍): 1542~1607. 선조 때의 문신. 정승을 지냈다.
[2] 이항복(李恒福, 1556~1618), 심희수(沈喜壽, 1548~1622), 이정구(李廷龜, 1564~1635): 선조·광해군 때의 문신들.

너무 짜요 너무 짜

오성[1]은 젊은 시절 절에 들어가 공부를 했다. 하루는 상에 반찬이 없자 중에게 말했다.

"스님이 옆에 앉아서 내가 밥 한 숟갈 뜰 때마다 '게장'이라고 외쳐 주시오."

중은 오성의 말대로 밥 한 숟갈 뜰 때마다 '게장'이라고 외쳤다. 오성이 대여섯 숟갈을 뜰 때쯤이었다. 중이 잘못해 연거푸 '게장'을 외쳤다. 그러자 오성이 말리며 말했다.

"앗 짜! 앗 짜! 낭비하지 마시오, 낭비하지 마!"

1_ 오성(鰲城): 이항복의 봉호(封號).

다리 아래의 방

옛날에 어떤 선비가 있었다. 글이 짧은데도 과거 시험에 응했다가 답은 한 자도 쓰지 못한 채 저물녘이 되자 답안지를 소매 속에 넣고 과거장을 나와 버렸다. 그러고는 답안지를 다리 아래에 슬쩍 던져 버렸다. 얼마 뒤 합격자를 알리는 방(榜)이 나붙자, 집집마다 종을 보내 방을 보고 오게 했다. 선비의 집에서도 종을 보냈는데, 방을 보고 돌아온 종은 이렇게 말했다.

"다리 아래는 아직 방이 나붙지 않았사옵니다."

사람들이 그 말을 듣고 낄낄거렸다.

미련한 종놈

미련한 종놈을 둔 선비가 있었다. 종을 데리고 출타했다가 날이 저물자 단단히 주의를 주었다.
"너는 졸지 말고 솥이랑 말안장, 신발을 잘 간수하도록 해라."
다음 날 아침, 선비에게 종이 먼저 고해 바쳤다.
"나리, 솥이 없어졌습니다."
"아깝지만 할 수 없지. 신발과 말안장으로 됐다."
"신발은 말안장보다 먼저 없어졌는데요."

연중행사

한 선비가 우연히 시골집에 묵었다가 잠시 그 집에 들른 이웃집 여자를 보았다. 여자는 주인과 두어 마디 말을 나누고는 곧 돌아갔는데, 생김새가 참으로 고왔다. 선비는 자기도 모르게 넋을 잃고 바라보다 종을 돌아보며 말했다.

"저 여인네를 보니 심장이 두근거린다. 어쩌면 좋으냐?"

"걱정 마세요. 소인 놈도 그 여인네를 보니 가슴이 뜁니다. 게다가 나리 심장이 그러는 건 연중행사잖아요."

해설

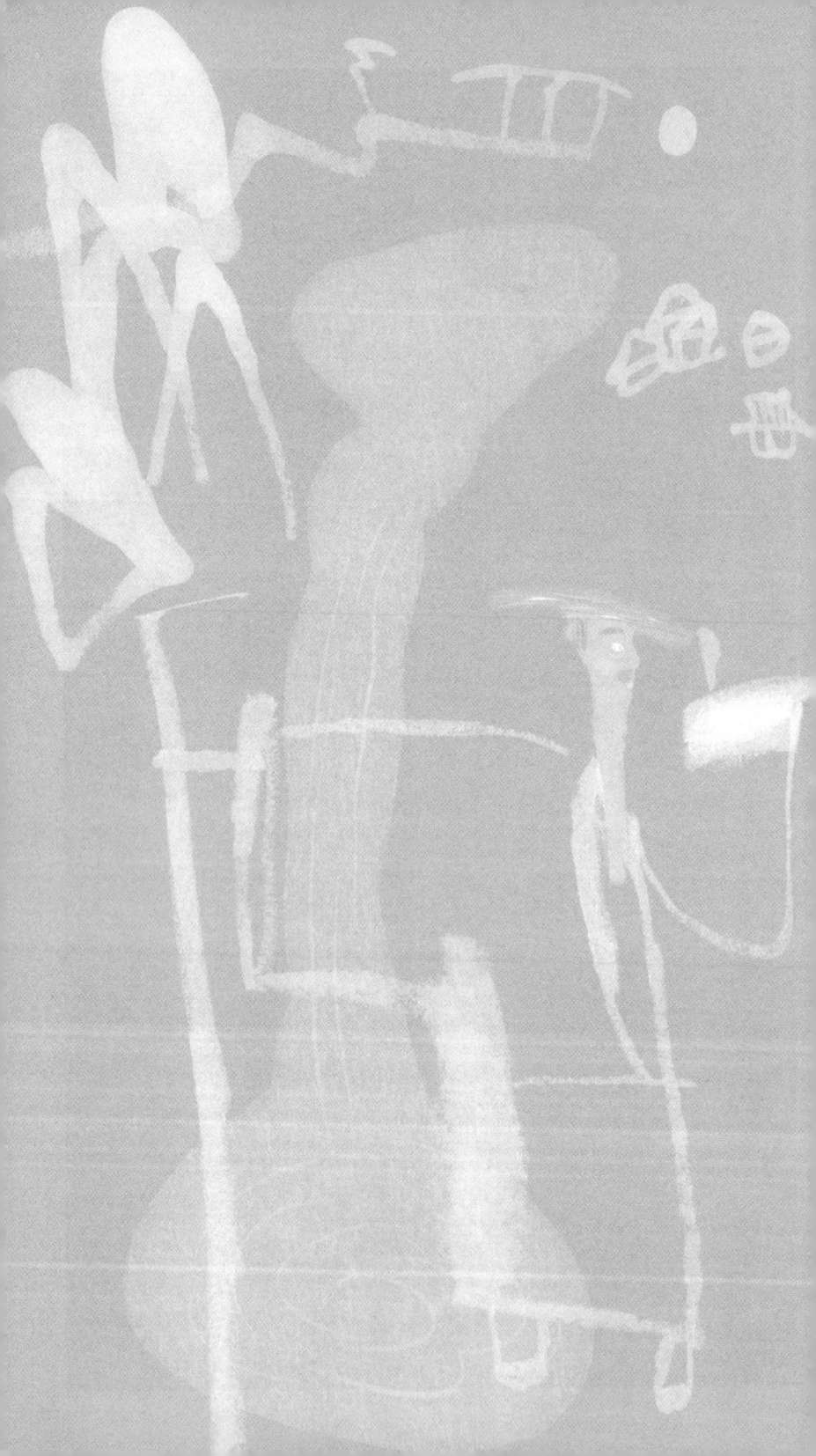

우리 역사 우리 문학에 평생을 바치다

1

현묵자(玄默子) 홍만종(洪萬宗, 1643~1725)은 17세기 중반에서 18세기 초반을 살다 간 인물로, 해동도가(海東道家)에 깊은 관심을 지녔던 지식인이다. 그는 도가의 인물 열전(列傳)인 『해동이적』(海東異蹟)을 편찬했을 뿐 아니라, 문학사 및 사학사(史學史)와 관련된 중요한 저술을 여럿 남겼다.

홍만종 당대는 임진왜란과 병자호란의 두 전쟁을 겪은 뒤 우리 역사와 문화에 대한 자주 의식이 고조되던 시기였다. 이러한 시기에 홍만종은 주체적 견지에서 우리 역사와 문학에 관심을 쏟은 선구적 인물이었다.

2

홍만종은 우리 역사의 독자성을 강조한 역사가다. 일찍이 단군(檀君)을 '우리 민족의 비조(鼻祖)'로 여겨 여러 문헌 기록을 참조해 그 사적을 고증하고 정리하였다. 20대의 저술인『해동이적』에서부터 시작된 단군에 대한 관심은 30대의 저작『순오지』(旬五志)를 거쳐 만년의 저술『동국역대총목』(東國歷代摠目)에 이르기까지 일관되게 지속된다. 그리하여『동국역대총목』에서는 단군을 우리 역사의 정통(正統)으로 내세우기에 이른다. 이는 이른바 '기자 정통론'(箕子正統論)에서 탈피해 기자를 단군으로 대치한 매우 획기적인 사건이었으며, 또한 한말(韓末)의 '민족주의 사학'에 중요한 이론적 기틀을 제공한 것으로서 그 사학사(史學史)적 의의가 크다.

    홍만종은 우리 역사가 중국사와 대등하다고 여겼다. 우리나라 건국의 시조들을 중국의 시조들과 견주었으며, 우리 역사와 지리, 문화와 인물이 중국에 뒤지지 않음을 강조하며 우리 스스로 우리 역사에 대해 자부심을 가져야 한다고 역설하였다. 홍만종은 당대 지식인들이 중국의 역사는 잘 알면서 우리 역사는 모르는 것에 대해 큰 우려를 표명했다. 또한 우리 영웅의 사적이나 문인의 일화를 찾아내어 기록하는 일에 소홀한 것을 개탄했다.

    이러한 홍만종의 역사 인식은 36세(1678)에 저술한『순오지』에 잘 드러나 있다. '열닷새 동안 쓴 책'이라는 뜻의『순오지』는 역사·인물·사상·문화·지리 등 다양한 내용을 특정한 형식 없이 자유롭게 쓴 책으로, 역사와 문학과 철학에 대한 홍만종의 사상이 집약되어 있다. 홍만종은 『순오지』에서 우리 영웅들의 사적을 탐구하여 복원하는 한편(「안시성주 양만춘」·「진시황을 저격했다는 우리나라 장사」), 중국의 문인에 못지않은 실력을 지닌 우리 문인 및 그 일화를 여럿 소개하고 있다(「중국인이 탄복한 이색의 시 솜씨」 등). 또 우리나라 이름의 유래와 의미, 도읍지와 지역을 고증하는 데도 관심을 보이며(「우리나라의 이름」), 우리나라에 대한 외침의 역사를 서술하고(「황제 한번 못 해 본 나라」), 국방의 중요성을 강조하기도 한다(「아아! 고구려」).

　『해동이적』과 『순오지』를 통해 기본적인 틀이 확립된 홍만종의 역사 인식은 63세(1705)에 저술한 사서(史書) 『동국역대총목』에 최종적으로 정리되어 나타난다. 『동국역대총목』은 우리 상고사(上古史)를 가능한 한 자세히 복원하여 단군의 권위를 높였으며, 대신(大臣)이나 권신(權臣)보다는 처사(處士) 및 방외인적(方外人的) 인물의 행적을 부각시키고, 우리나라 이름과 지역·산수(山水)의 아름다움을 강조하여 국토에 대한 자긍심을 높이고 있다. 『동국역대총목』은 성호 이익(星湖 李瀷, 1681~1764) 등의 재야 학자에게도 직접적인 영향을 주는 등, 18세기 이후 학인의 역사 인식에 중요한 작용을 했다.

3

홍만종은 한문학이 지배하던 시대에 일찌감치 우리말과 우리 문학의 가치를 긍정했던 선구적 문학가였다. 그는 『순오지』에서 송강 정철(松江 鄭澈, 1536~1593) 등 우리나라 역대 문인들이 지은 가사(歌辭)를 소개하면서 다음과 같이 말했다.

> 우리나라 사람이 지은 노래는 모두 우리말을 사용하는데, 간혹 한자가 섞여 있을 뿐 대개 우리글로 세상에 전한다. 우리나라 사람은 중국과 달리 우리말을 사용하니 당연한 이치다. 이런 노래는 중국의 노래와 나란히 비교할 수는 없을지라도 그것대로 보고 들을 만한 것이 많다.
>
> ―「우리에게는 우리의 노래가」 중에

우리나라는 중국과 달리 우리말을 사용하니 그 노래도 우리말로 지어진 것이 당연하다는 주장이다. 나아가 신흠(申欽, 1566~1628)의 말을 빌려, 우리 가사가 '비록 중국과는 다르지만 우리의 정취가 실려 있고 우리 가락에도 잘 맞아 '사람들로 하여금 빠져들어 노래하고 춤추게 하'니, '결국 중국과 다르지 않다'며 우리말 노래의 가치를 적극적으로 평가했다. 한글을 '언서'

(諺書) '언문'(諺文)으로 낮춰 부르며 한자로 된 문학만을 인정하던 시대에 이처럼 우리말 문학의 가치에 주목한 것은 매우 선구자적인 혜안이 아닐 수 없다. 최근, 그동안 김천택(金天澤) 편찬으로 알려졌던 우리말 가곡집『청구영언』(靑丘永言)이 원래 홍만종 편저라는 사실이 새롭게 학계에 보고된 바 있다. 이를 통해 홍만종의 우리 문학에 대한 관심과 깊이가 단편적이거나 얕은 것이 아니었음을 알게 된다.

홍만종은 우리나라 최초의 본격적 한시(漢詩) 비평서『소화시평』(小華詩評)을 지은 것으로도 유명하다. 그가 33세(1675)에 저술한『소화시평』은 상고 시대부터 홍만종 당대까지의 우리나라 역대 한시를 체계적으로 정리하고 품평한 책으로, 후대 문인들이 가장 많이 읽은 비평서 중 하나이다. 홍만종은『소화시평』곳곳에서 우리 한시의 수준이 중국에 비해 뒤떨어지지 않음을 강조한다.

> 우리나라의 한시는 삼국에서 시작되어 고려에서 융성하고 우리 조선에서 극에 달했으니, (…) 전후의 걸출한 작가들을 이루 다 기록할 수 없어 중국에 비하더라도 떨어지지 않는다.
>
> —『소화시평』중에

우리나라 한시의 역사가 삼국시대 이래 연면히 이어져 왔고, 작가의 수나 작품의 수준도 결코 중국에 뒤지지 않는다는 말이다. 이처럼 『소화시평』은 중국의 시사(詩史)에 대응하는 우리나라 시사를 확립하고자 하는 의도에서 저술된 것이었다. 『소화시평』은 우리 문학과 전통에 대한 각성을 보여 줄 뿐 아니라, 광범위한 자료 수집과 체계적인 서술 및 엄정한 비평 정신의 구현으로 우리 시학사(詩學史)에 한 획을 그은 중요한 저술로 평가된다. 이외에도 『소화시평』의 후속편인 『시평보유』(詩評補遺)를 저술하고, 우리나라 시 비평사 자료집인 『시화총림』(詩話叢林)을 저술하는 등 평생에 걸쳐 우리 한시의 체계화와 정리에 힘썼다.

4

　홍만종의 우리 문학에 대한 관심은 상층의 문학에만 국한되지 않았다. 『순오지』에는 우리 농민이 부른 노래가 명나라 장수를 감탄케 한 일화가 실려 있는데, 이는 홍만종이 민중들이 향유했던 민요에도 관심을 기울였음을 뜻한다.
　실제 홍만종은 민간의 설화 및 전설, 야담 등 민중에 의해 구술된 이야기를 채록하는 일에 적극적이었으니, '달력에 적은 우스운 이야기'라는 뜻의 『명엽지해』(蓂葉志諧)는 마을 노인들이 들려준 이야기를 채록해 놓은 소화집(笑話集)으로, 조선 시대 구비 문학(口碑文學) 연구에 소중한 자료가 되고 있다. 최근 발견된 자료에 따르면 설화 문학의 보고인 『고금소총』(古今笑叢)과 『속고금소총』(續古今笑叢) 또한 홍만종의 편저일 가능성이 확실시되고 있으니, 그의 구비 문학에 대한 공로는 참으로 크다 하겠다.

홍만종은 민중의 생활 언어에도 주목해 140가지가 넘는 민간의 속담을 채집, 한문으로 옮겼다. 항간의 아낙이나 아이들까지 자유자재로 사용하는 속담은 그 유래가 오래되었을 뿐 아니라 뜻이 깊어 사대부들도 종종 글에 인용하고는 했다며 속담의 가치를 높이 샀다(「우리 속담의 가치」). 이처럼 홍만종은 사대부 지배 계층에 속해 있으면서도 피지배 계층인 민중의 생활 언어에 대한 관심과 이해가 깊었다. 이는 홍만종이 계급이나 계층에 대해 매우 열린 시각과 태도를 지녔음을 보여 주는 것이다. 가령, 『소화시평』에서 홍만종은 백대붕이나 최기남 등의 노비가 지은 한시 작품을 소개한 뒤, '재주에는 귀천(貴賤)의 제한이 없다'는 말로 그들의 작품을 적극 평가하고 있다. 홍만종은 『소화시평』에 사대부 남성의 시만 실은 것이 아니라 사대부 여성·중인·승려·기생·노비 등의 작품을 폭넓게 싣고 있으며, 그에 대해 다음과 같이 말하고 있다.

> 사람들은 승려나 기녀를 매우 천하게 여겨 함께하는 것도 부끄럽게 여긴다. 그런데도 지금 그들의 작품이 이와 같으니 우리나라 사람들의 재주가 실로 뛰어나다 하겠다.
>
> —『소화시평』 중에

우리나라 사람의 문학적 재능은 승려나 기녀 등 이른바 '천류'(賤流)에 이르기까지 모두 뛰어나다는 말이다. 이처럼 계층을 초월해 하층민이 지은 작품에도 적극적인 가치를 부여할 수 있었던 것은 우리나라의 문화적 수준에 대한 강한 자부심을 지녔기에 가능했다. 다른 한편으로, 이는 유교의 배타적 진리성을 주장하지 않고 도가와 불교에도 우호적이었던 홍만종 개인의 사상적 유연함에서 비롯되는 것이기도 했다.

5

홍만종은 젊어서부터 도가를 좋아하여 『참동계』(參同契), 『황정경』(黃庭經) 같은 도가의 경전들을 즐겨 보았다고 한다. 이처럼 이른 시기부터 홍만종이 도가에 경도된 것은 스승 정두경(鄭斗卿, 1597~1673)의 영향도 있지만,[1] 젊어서 얻은 병과 깊은 관련이 있다.

> 내 나이 스물에 중병에 걸려 한 해가 넘도록 자리에 누워 있었으니 몸과 마음이 말이 아니어서 사람 같지가 않았다. 옛 책을 펴면 불과 몇 줄을 채 읽지 못해 어질어질 정신이 혼미해지는 통에 한 장도 넘기지 못하고 읽기를 그만두곤 했다. 무료한 때면 고금(古今)의 여러 대가(大家)에 대한 자잘한 이야기를 구해 보며 울적한 마음을 달래곤 했는데, 그중에서도 신선(神仙)의 영이(靈異)한 자취를 보면 특히 즐거웠다.
> 　　　　　　　　　―『해동이적』의 「머리말」 중에

여기서 밝힌 것처럼, 홍만종은 젊어서 어질병을 얻은 것이 지병이 되어 벼슬길에도 나가지 않고 평생을 야인(野人)으로 지내며 독서와 저술에만 힘을 쏟았다. 그가 젊은 나이에 병을 얻은 것은 미루어 짐작컨대 부친의 정치적 실각과 사망에 따른 충격에서 비롯된 것이 아닌가 한다. 1660년 홍만종의 부친 홍주세(洪柱世, 1612~1661)는 당파 싸움에 연루되어 벼슬이 삭능되고, 그 이듬해 사망한다. 풍산(豊山) 홍씨 경화거족(京華巨族)의 후

---

[1] 정두경은 16세기의 유명한 내단수련가(內丹修鍊家) 정렴(鄭礦, 1506~1549)의 후예다.

예라는 배경에도 불구하고 이때부터 홍만종의 벼슬길은 순탄치 못했던 것으로 보인다. 한때 사마시에 합격해 이름뿐인 벼슬을 얻기도 했으나 이내 정치적 사건에 연루되어 3년간의 유배 생활까지 겪게 되니, 이후 홍만종은 벼슬에 크게 뜻을 두지 않았던 듯하다. 이러한 건강상의 이유와 정치적 불우로 인해 홍만종은 도가의 양생술에 관심을 가지는 한편, 체제 바깥에서 혹은 체제와 상관없이 자유로운 삶을 살다 간 도가의 삶과 사상에 경도되었다.

이후 도가 사상은 홍만종의 정신세계에 저류하며 그의 역사의식과 문학정신에 큰 영향을 끼친다. 특히 17세기 도가 사상은 존화적(尊華的) 사대주의를 비판하고 우리 고유의 전통 및 정신문화를 앙양하는 데 가장 적극적인 사상 중 하나였으니, 그가 단군 신화에 남다른 관심을 가지고 우리나라 산수(山水)의 아름다움에 강한 자부심을 드러냈던 것도 이런 도가의 영향과 무관하지 않다.

홍만종의 사상적 유연성은 17세기 사상 지형의 한 측면을 반영하는 것이기도 하다. 임진왜란과 병자호란의 충격 뒤 지식인 사회에는 일련의 사상적 지형 변화가 나타난다. 한편에서는 정통 성리학 이념이 더욱 강화되었던 반면, 일부 지식인 사이에서는 도가나 불교·양명학 등 이른바 이단(異端)에 대한 사상의 자유를 주장하며 주류 성리학의 이념적 편협함을 비판하고 나선 것이다. 이를 대표하는 것이 유명한 장유(張維, 1587~1638)의 다음 언설이다.

> 중국의 학술은 다양하다. 유가(儒家)가 있는가 하면 불가(佛家)도 있고, 도가(道家)도 있다. 또 정자(程子)와 주자(朱子)의 학문을 배우는 사람이 있는가 하면, 육구연(陸九淵)의 학문을 배우는 사람도 있다. 학문의 길이 하나가 아닌 것이다.
> 그런데 우리나라에서는 유식한 사람이나 무식한 사람이나 책을 끼고 다니며 글을 읽는 사람들은 모두가 정자와 주자만을 칭송한다. (…) 이런 까닭에 다양한 학문이 있을 수 없으니, 유학(儒學)이라고 해서 무슨 발전이 있겠는가.
> ―『계곡만필』(谿谷漫筆) 중에 2_

홍만종은 『순오지』에 장유의 윗글을 그대로 전재(全載)하고는 그에 대한 동감을 표했다. 또한 '천하에는 유·불·도 세 가지가 있'는데, '도가와 불가는 견성(見性)을 근본으로 하고, 유가는 인륜을 중시하니, 옷과 음식이 살아가는 데 하나라도 없으면 안 되는 것과 같다'며 세 가지 사상 모두를 존중하는 입장을 보였다. 다시 말해, 홍만종은 17·18세기의 새로운 사상적 흐름을 민감하게 받아들였던 지식인이다.

2_ 번역문은 최지녀 편역의 장유 선집 『개구리 울음소리』(돌베개, 2006)를 따랐다.

6

홍만종의 첫 번째 저작으로 알려진 『해동이적』은 단군 이하 곽재우까지 우리나라 도가 인물의 전(傳)을 집성해 놓은 신선 열전이다. 모두 40명의 행적을 32편의 전에 담고 있다. 이 책은 우리나라 도가의 원류를 시조 단군에서 찾고, 그 흐름이 혁거세와 동명왕을 거쳐 신라의 사선(四仙)과 최치원 등에게 이어져 고려와 조선조로 내려왔다고 본다는 점에서 독창적이다. 이는 중국의 노자(老子)에서 시작된 도통(道統)이 우리나라로 전해졌다는 생각과는 다른 것으로, 우리나라에 자연적으로 발생·전승되어 온 도가 전통이 있다는 의식에서 비롯한다. 이처럼 『해동이적』은 우리나라 도가 사상의 역사적 기원과 전승 관계를 새롭게 구성했다는 점에서 특별한 의의를 지닌다.

앞서 언급한 것처럼, 『해동이적』은 홍만종이 개인적 불우함에 처했던 시기에 저술한 책이다. 부친의 정치적 불행과 갑작스런 사망, 그 충격의 여파로 말미암아 건강을 상한 상황에서 홍만종은 체제 바깥에서 자유로운 삶을 누렸던 인물들의 이야기를 수집·정리하며 그들의 삶에 공감하고 자신의 불우함을 위로 받았던 듯하다.

『해동이적』에 등장하는 '선인'(仙人) 가운데는 정치적으로

실의(失意)하거나 부조리한 현실에 환멸을 느껴 세상을 등지고 산 인물이 많다. 이들은 정치적 현실에 좌절해 은둔하거나(「간곳 없이 사라진 최치원」), 정의가 훼손된 세상에 환멸을 느껴 방랑의 길을 떠나거나(「세상 밖에서 노닌 김시습」), 불가항력적인 정치적 위난을 피해 세상에서 종적을 감춰 버리기도 한다(「화를 피한 정희량」). 특히 16세기 지식인 사회에 몰아쳤던 사화(士禍)의 광풍 속에서 몇몇 인물은 출세(出世)를 포기하고 방달(放達)한 삶을 살거나(「물의 신선 이지함」), 고향에 은거하며 학문에 몰두하거나(「도술을 감춘 서경덕」), 세상과 절연하고 내면세계로 침잠하기도 한다(「외국어 천재 정렴」). 즉, 이들은 당대의 위기적 상황에 대한 대응 방식으로 체제를 벗어나 체제 밖에서 자유롭게 사는 삶을 택했던 것이다.

정치적 불우로 둔세(遁世)의 길을 택한 인물들 외에 '선인'의 또 다른 한 축을 이루는 인물들은 신분 질서의 제약으로 말미암아 소외된 자들이다. 16세기 중엽 신기한 도술로 세간에 회자되었던 전우치, 서얼 출신이었으나 서경덕의 수제자였던 박지화, 죽은 사람을 살릴 정도로 신통한 의술을 지녔던 장한웅, 거지 예인(藝人) 장생이 그러한 인물들이다. 이들은 미천한 신분으로 현실에 용납되지 못하거나 혹은 현실에 만족하지 못한 천재들로서 사회적 구속과 제약에 아랑곳없이, 혹은 방달하고 혹은 초탈한 삶을 추구하며 각기 자신의 분야에서 일가(一家)를 이룬다.

결국 홍만종이 『해동이적』을 통해 탐구한 '선인'이라는 인간 유형은 체제의 질서를 벗어난, 혹은 체제의 질서와 상관없는 자유로운 삶을 추구한 인간들이었다.

『해동이적』은 16·17세기의 이른바 '선풍'(仙風)을 총정리했다는 점에서 또 다른 문학사적 의의를 지닌다. 16세기 중엽에서 17세기에 걸친 조선조 사회에는 '도인'(道人)이나 '선인' 같은 이인(異人)들에 관한 설화가 널리 유포되었는데, 일부 지식인들은 이들의 행적을 단편적으로 정리하거나 혹은 전(傳)으로 창작하기도 했다.[3] 『해동이적』은 이를 체계적으로 집성해 신선 열전으로 정리한 것이다. 16·17세기 '선풍'의 배경에는 임진·병자 양 난 이후의 사상사적 지형 변화가 자리하고 있다. 유학만으로는 더 이상 당대의 위난한 현실에 대처하기 어렵다는 사실을 자각한 일부 지식인들이 도가나 불교 등 당대 주류 성리학이 이단시했던 사상을 포섭함으로써 현실에 대한 새로운 대응 방식을 모색하였고, 그중 도가적 성향이 강했던 지식인들에 의해 새롭게 추구된 인간 유형이 이른바 '신선' 혹은 '선인'이다. 『해동이적』은 이러한 16·17세기 사상사적 지형 변화의 한 측면을 적극적으로 받아들인 결과물이다.

---

[3] 박희병, 「이인설화와 신선전」, 『한국고전인물전연구』(한길사, 1999) 참조.

7

    지금까지 살펴본 바와 같이, 홍만종은 기존의 성리학적 질서에 균열이 가고 이른바 이단적 풍조가 대두하던 17·18세기에 도가 사상을 바탕으로 우리 역사와 문학을 재해석한 지식인이었다. 그는 비록 적극적인 개혁 사상가는 아니었지만, 바야흐로 동아시아에서 보편적인 중화 질서가 회의되고 자국의 역사와 문화에 대한 각성이 이루어지던 때에 시대적 요구를 민감하게 받아들여 주체적 역사의식과 문학 정신으로 우리 역사를 재구성하고 우리말과 문학의 가치를 재발견하는 작업을 시도했다는 점에서 주목을 요하는 사상가라 할 만하다.

홍만종 연보

작품 원제

찾아보기

홍만종 연보

1643년(인조 21), 1세 — 아버지 홍주세(洪柱世)와 어머니 동래 정씨(東萊 鄭氏) 사이에 1남 2녀 중 장남으로 태어나다.

1654년(효종 5), 12세 — 호서(湖西) 판관(判官)으로 있던 아버지를 따라 부여 백마강의 조룡대(釣龍臺)에 오르다. 이때의 기억으로 뒷날 『순오지』에 조룡대의 전설에 관한 글을 쓰다.

1658년(효종 9), 16세 — 장남 중여(重呂)가 태어나다.

1660년(현종 1), 18세 — 부친 홍주세가 공서계(功西系)와 청서계(淸西系) 사이의 당화(黨禍)에 연루되어 벼슬이 삭거(削去)되다.

1661년(현종 2), 19세 — 영천군수(榮川郡守)로 있던 부친이 별세하다. 스승 정두경이 만시(挽詩)를 짓다.

1662년(현종 3), 20세 — 어질병을 얻어 이것이 평생의 지병이 되다.

1664년(현종 5), 22세 — 차남 중두(重斗)가 태어나다.

1666년(현종 7), 24세 — 『해동이적』을 짓다.

1668년(현종 9), 26세 — 병으로 요양 중 병문안을 온 정두경, 임유후(任有後), 김득신(金得臣), 홍석기(洪錫箕) 등과 시주회(詩酒會)를 열다(이때 지어 읊은 시들을 뒷날 『순오지』에 싣다).

1670년(현종 11), 28세 — 송시열(宋時烈)에게 『해동이적』을 보이고 발문(跋文)을 부탁하다.

1674년(현종 15), 32세 — 홍석기가 찾아오다. 옛일을 회상하며 서로 시를 화답하다(이때 홍석기와 주고받은 시들을 뒷날 『순오지』와 『소화시평』에 싣다).

1675년(숙종 1), 33세 — 사마시(司馬試)에 합격하다. 『소화시평』을 짓다.

1678년(숙종 4), 36세 — 지금의 경기도 행주(幸州) 부근인 서호정사(西湖精舍)에 머물며 『순오지』를 짓다. 『명엽지해』 또한 이 무렵 저술한 것으로 보인다.

1680년(숙종 6), 38세 — 부사정(副司正, 종7품)의 무신 품계(武臣品階)를 받다. 경신대출척(庚申大黜陟)이 일어나다. 당시 역모 죄로 처형된 허견(許堅)의 사촌 누이를 첩으로 삼고 그 처남인 강만철(姜萬鐵) 등과 가까이 지낸 것이 빌미가 되어, 5월에 사판(仕版)에서 이름이 지워지다. 8월에 정배(定配)되다.

1682년(숙종 8), 40세	—	5월에 형(刑)이 감등(減等)되다.
1683년(숙종 9), 41세	—	1월에 유배에서 풀려나다. 이후 서울 생활을 청산하고 금강(錦江) 가에 집을 짓고 유유자적하는 세월을 보내다.
1691년(숙종 17), 49세	—	『시평보유』(詩評補遺)를 짓다.
1696년(숙종 22), 54세	—	부친의 시문집 『정허당집』(靜虛堂集)을 편찬하다.
1705년(숙종 31), 63세	—	영의정 신완(申琓)의 권유로 『동국역대총목』(東國歷代摠目)을 짓다.
1706년(숙종 32), 64세	—	『증보역대총목』(增補歷代摠目)을 찬술하다.
1708년(숙종 34), 66세	—	부친의 시문집을 간행하다. 이때 새로 임방(任埅)의 발문(跋文)을 부치다.
1709년(숙종 35), 67세	—	『풍산홍씨족보』(豊山洪氏族譜)를 편찬하다.
1710년(숙종 36), 68세	—	장남 중여가 사망하다.
1712년(숙종 38), 70세	—	『시화총림』(詩話叢林)을 편찬하다(최근 발견된 자료에 따르면, 1701년에 찬술되었을 가능성도 있음).
1716년(숙종 42), 74세	—	차남 중두가 사망하다.
1718년(숙종 44), 76세	—	종제(從弟) 홍만선(洪萬選)이 지은 『산림경제』(山林經濟)의 서문을 쓰다. 70세 이후 노인직(老人職)으로 통정대부 첨지중추부사(通政大夫僉知中樞府事: 정3품)의 직함을 받은 것으로 보인다.
1725년(영조 1), 83세	—	별세하다.

작품 원제

우리나라의 신선들

- 산신이 된 단군 —— 단군(檀君) 069p
- 알에서 나온 혁거세 —— 혁거세(赫居世) 073p
- 천제의 아들 주몽 —— 동명왕(東明王) 076p
- 삼일포의 네 신선 —— 사선(四仙) 080p
- 학을 춤추게 한 옥보고 —— 옥보고(玉寶高) 083p
- 대세와 구칠 —— 대세구칠(大世仇柒) 085p
- 담시 선인 —— 담시(曇始) 087p
- 욱일승천한 김가기 —— 김가기(金可記) 089p
- 간곳없이 사라진 최치원 —— 최치원(崔致遠) 092p
- 별의 화신, 강감찬 —— 강감찬(姜邯贊) 095p
- 오백 년을 산 권 도사 —— 권진인(權眞人) 098p
- 세상 밖에서 노닌 김시습 —— 김시습(金時習) 117p
- 화를 피한 정희량 —— 정희량(鄭希良) 122p
- 날 때부터 글을 안 남추 —— 남추(南趎) 129p
- 서경덕과 벗한 지리산 선인 —— 지리선인(智異仙人) 132p
- 도술을 감춘 서경덕 —— 서경덕(徐敬德) 135p
- 외국어 천재 정렴 —— 정렴(鄭磏) 141p
- 술수에 능했던 전우치 —— 전우치(田禹治) 146p
- 전우치를 잡은 윤군평 —— 윤군평(尹君平) 150p
- 임진왜란을 예언한 남사고 —— 남사고(南師古) 152p
- 서경덕의 제자 박지화 —— 박지화(朴枝華) 156p
- 물의 신선 이지함 —— 이지함(李之菡) 160p
- 의술에 밝았던 장한웅 —— 장한웅(張漢雄) 166p
- 검선(劍仙) 장생 —— 장생(蔣生) 170p
- 곡기를 끊은 곽재우 —— 곽재우(郭再祐) 175p

마을 노인이 들려준 민중의 이야기

· 농짝에 갇힌 사또 ── 기롱장백(妓籠藏伯) 205p
· 거울 때문에 ── 부처송경(夫妻訟鏡) 209p
· 떡은 다섯 개 ── 개수비부(改數庇婦) 212p
· 수양 매월은 먹 이름 ── 광심취묵(誑媤取墨) 214p
· 거웃 한 오라기 나누어 갖기 ── 침모분작(沈毛分酌) 216p
· 스님이 먹어 봐야 먹은 거지요 ── 열장복면(捩杖覆麵) 219p
· 약속을 저버린 두 선비 ── 사부전약(士負前約) 221p
· 그렇지, 나는 누이가 없지! ── 무매곡부(無媒哭訃) 223p
· 이마를 만지면 상객 ── 대답무상(對答撫顙) 225p
· 골동 좋아하다 거지가 된 사람 ── 호고파산(好古破産) 226p
· 첫날밤 신부의 내숭 ── 양사지환(佯辭指環) 228p
· 방귀 뀐 사람은 나 ── 방비쟁상(放屁爭賞) 229p
· 다리 없는 신부 ── 의부무각(疑婦無脚) 231p
· 너무나 노련한 신랑 ── 찬랑숙수(贊郎熟手) 232p
· 며느리보다 더한 시어머니 ── 부설고담(婦說古談) 233p
· 아가, 몸을 돌려라 ── 고책번신(姑責翻身) 236p
· 생니가 한 자루 ── 명노추치(命奴推齒) 238p
· 서답이 아니라 모자 ── 악모의몽(握帽疑夢) 241p
· 바둑에 미치면 ── 박혁상심(博奕喪心) 244p
· 엉터리 과거 시험 ── 환제참과(換題參科) 246p
· 치마끈 푸는 소리 ── 희청군성(喜聽裙聲) 249p
· 너무 짜요 너무 짜 ── 호승지함(呼僧止醎) 250p
· 다리 아래의 방 ── 교방불출(橋榜不出) 251p
· 미련한 종놈 ── 삼물구실(三物俱失) 252p
· 연중행사 ── 윤행시령(輪行時令) 253p

찾아보기

ㄱ

가락국(駕洛國) 87
가토 기요마사(加藤淸正) 41, 42, 45, 155
간바쿠(關白) 41
강감찬(姜邯贊) 95~97
「강촌별곡」(江村別曲) 56
거란 46, 97
거서간(居西干) 73
검단 선사(黔丹禪師) 130
고변(高騈) 92
고운(孤雲) 92, 94
공자(孔子) 62, 132, 135, 143, 186, 215, 226
곽재우(郭再祐) 175~177, 268
「관동별곡」(關東別曲) 55
「관서별곡」(關西別曲) 55
광성자(廣成子) 71
구려산(句麗山) 43
구양현(歐陽玄) 59, 60
구제궁(九梯宮) 79
구천(句踐) 192, 193
궁예 25
「권선지로가」(勸善指路歌) 55
권 진인(權眞人) 98, 115, 116
「규원가」(閨怨歌) 57
『근사록』(近思錄) 143
금와 76, 77

기린굴 79
『기묘록』(己卯錄) 130
기자(箕子) 20, 69, 70, 258
김가기(金可記) 89~91
김계휘(金繼輝) 161
김륜(金倫) 124~126
김부식(金富軾) 74, 75
김시습(金時習) 117~121, 269
김안로 55
김종직(金宗直) 35

ㄴ

나정(蘿井) 73, 75
낙빈왕(駱賓王) 124
낙성대(落星垈) 97
남곤(南袞) 130, 131
남궁두(南宮斗) 98~107, 111, 113~116
남랑 82
남명(南溟) 55, 175
남사고(南師古) 152~155
남추(南越) 129~131
노법(弩法) 201
노수신(盧守愼) 63
뇌택(雷澤) 21

ㄷ

단군왕검 19
담시(曇始) 선인(仙人) 87

278

『당서연의』(唐書衍義) 34
당장경(唐藏京) 20, 21, 70
당 태종 31, 32, 34, 35
도산(塗山) 19
도선(道詵) 23~26
도요토미 히데요시(豊臣秀吉) 40, 45, 154
『도인경』(度人經) 112
도인법(導引法) 201
도쿠가와 이에야스(德川家康) 40, 41
동명왕(東明王) 22, 71, 76~79, 268
『동사보감』(東史寶鑑) 70
『동인시화』(東人詩話) 35
『동정기』(東征記) 34

| ㅁ |

만가(挽歌) 144
말갈(靺鞨) 45~47
맹상군(孟嘗君) 56, 57
「맹상군가」 57
「면앙정가」(俛仰亭歌) 55
『명경수』(明鏡數) 124
『명신록』(名臣錄) 93, 119, 126, 145, 162, 176
「목동가」(牧童歌) 57
『무명씨집』 115, 136, 148, 149, 152, 173
무옥(巫玉) 57
무왕(武王) 20, 69, 70, 215
무학 대사(無學大師) 28

미추홀(彌鄒忽) 44
민가거(閔可擧) 83

| ㅂ |

박수홍(朴守弘) 175
박이창(朴以昌) 118
박지화(朴枝華) 139, 156~159, 269
백광홍(白光弘) 55
백악(白岳) 20, 69
복희씨(伏羲氏) 21, 71, 135, 144
부루 19
부아악(負兒岳) 43
북창(北窓) 141, 142, 144, 145, 156
비류수(沸流水) 43, 77, 78
비장방(費長房) 226

| ㅅ |

『사림광기』(事林廣記) 90, 91
사명 대사(四溟大師) 42
「사미인곡」(思美人曲) 56
『사재집』(思齋集) 65
살수(薩水) 31
삼일포(三日浦) 80, 82, 149
상(商)나라 21, 70
『상촌집』(象村集) 54, 135
서거정(徐居正) 35
서경덕(徐敬德) 132, 133, 135, 136, 138~140, 156, 159, 269

서야벌(徐耶伐) 73
서화담(徐花潭) 135, 156, 159
석왕사(釋王寺) 28
선도산(仙桃山) 74, 75
선도성모 74, 75
설잠(雪岑) 118
설총(薛聰) 65
성모사(聖母祠) 74
세종(世宗) 46, 65, 98, 117, 118
소강절(邵康節) 70, 135
소동파(蘇東坡) 52, 61
소 요시토시(宗義智) 45
소호(少昊) 71
『소화시평』(小華詩評) 53, 261, 264
「속사미인곡」(續思美人曲) 56
송강(松江) 55, 56, 260
송기수(宋麒壽) 146
송순(宋純) 55
송양 78
송운(松雲) 40, 42
수나라 31~33, 195
수표교(水標校) 172, 174
술랑 80, 82
신광한(申光漢) 146
신농씨(神農氏) 71
심희수(沈喜壽) 249
십제(十濟) 44

| ㅇ |

아사달산 20, 70
아지바두 29, 30
악부(樂府) 51, 52
안상 80, 82
안시성(安市城) 31, 32
안시성주 34~36, 259
약사(若士) 133, 134
양경우(梁慶遇) 63, 158
양곡(暘谷) 43
양만춘(梁萬春) 32~36, 259
양신(楊愼) 52
양예수(楊禮壽) 168, 169
양제(煬帝) 31
어숙권(魚叔權) 62
엄호수(淹虎水) 77
여 장사(壯士) 37, 38
『여지승람』(輿地勝覽) 70, 74, 78, 133
여진 30, 45, 46
「역대가」(歷代歌) 54, 55
연개소문(淵蓋蘇文) 31, 32
연단화후법(鍊丹火候法) 144
영랑 80, 82
예국(穢國) 37, 39
옥보고(玉寶高) 83, 84
『옥추경』(玉樞經) 112, 166
옹문자(雍門子) 56, 57
완적(阮籍) 245

왕건(王建) 23~26
왕륭(王隆) 24~26
요임금 19~21, 69, 71, 226
우문술(宇文述) 31
우발수(優渤水) 76
우임금 19, 106
『운화현추』(運化玄樞) 166
「원부사」(怨婦辭) 57
「원분가」(冤憤歌) 55
『월정만록』(月汀漫錄) 34
위례성 44
위백양(魏伯陽) 103
『위서』(魏書) 19
〈유민도〉(流民圖) 57
「유민탄」(流民歎) 57
유성룡(柳成龍) 191, 249
유정(惟政) 40~42
유화(柳花) 76, 77
윤군평(尹君平) 150, 151
윤임(尹霖) 150
유춘년(尹春年) 51, 120
율곡(栗谷) 81, 120, 161, 164
을지문덕(乙支文德) 31, 33
이두(吏讀) 65, 66
이백(李白) 51, 52, 110
이번신(李藩臣) 152
이색(李穡) 35, 59~61, 165, 259
이성계(李成桂) 27~30

「이소경」(離騷經) 118, 119
이수광(李晬光) 38, 39, 54, 115, 130
이시발(李時發) 34
이식(李植) 65, 158, 164, 197, 198
이여송(李如松) 46
이의건(李義健) 81
이인로(李仁老) 74, 81, 93
이정구(李廷龜) 249
이지란(李之蘭) 29, 30, 45
이지함(李之菡) 160~162, 165, 269
이천년(李千年) 126
이태백(李太白) 56
이하(李賀) 56
이항복(李恒福) 20, 249, 250
이화(李和) 168
일행 대사(一行大師) 23, 26
임억령(林億齡) 93
임유후(任有後) 57
임제(林悌) 47, 48, 148

| ㅈ |

장량(張良) 38, 39, 176, 177
「장문부」(長門賦) 130
장생(蔣生) 170~174, 269
장자(莊子) 136, 137, 140
「장진주」(將進酒) 56
장한웅(張漢雄) 166, 169, 269
전우치(田禹治) 146~151, 269

전욱(顓頊) 21, 22
정두경(鄭斗卿) 20, 265
정렴(鄭𥖝) 141, 144, 145, 156, 265, 269
정명도(程明道) 181, 182, 185
정미수(鄭眉壽) 127
정붕(鄭鵬) 169
정사룡(鄭士龍) 51, 52
정우복 186
정이천(程伊川) 181
정인지(鄭麟趾) 65
정철(鄭澈) 55, 56, 249, 260
정협(鄭俠) 57
정희량(鄭希良) 122, 124, 125, 127, 128, 269
제갈공명 56
제곡(帝嚳) 21, 71
조식(曺植) 55, 175
조식법(調息法) 199
조위한(趙緯韓) 57
「조천록 가사」(朝天錄歌詞) 54
조천석(朝天石) 78, 79
종남산(終南山) 89, 91
주공(周公) 215
주몽 43, 76, 77, 79
주자(朱子) 181~183, 185, 267
증씨(曾氏)의 전(傳) 62
『지봉유설』(芝峰類說) 38, 39, 115, 130, 150, 176
지황씨(地皇氏) 70
진복창(陳復昌) 54, 55
진시황(秦始皇) 37, 38, 195, 259

| ㅊ |

차천로(車天輅) 57, 133, 137, 139, 148
『참동계』(參同契) 103, 110, 112, 114, 142, 264
창해군(滄海郡) 38, 39
천황씨(天皇氏) 70
『청구풍아』(青邱風雅) 35
초현대(招賢臺) 87, 88
「촉영부」(燭影賻) 130
최자(崔滋) 83
최치운(崔致雲) 117
최치원(崔致遠) 92~94, 130, 268, 269
「출사표」(出師表) 56
치상산(雉裳山) 99, 113

| ㅌ |

탄진법(吞津法) 200
탕(湯)임금 71
태백(太白) 진인(眞人) 98, 196
태봉(泰封) 25
태사공(太史公) 38, 62
택당(澤堂)→이식(李植)
『택당집』(澤堂集) 65

토정(土亭) 160, 162~165
『통감강목』(通鑑綱目) 34
퇴계(退溪) 125, 126, 164, 191, 196
퉁두란 29, 30

| ㅍ |

팽조(彭祖) 71
포희(包羲) 21

| ㅎ |

하나라 21
하백(河伯) 19, 76, 77
한유(韓愈) 65
함곡관(函谷關) 195
항우(項羽) 194, 195, 215
『해동이적』(海東異蹟) 20, 72, 185, 257
　　~259, 265, 268, 270
해모수 76
허균(許筠) 57, 63, 113~116, 136, 148,
　　152, 173

허난설헌(許蘭雪軒) 57
허암(虛菴) 126
허유(許由) 226
허조(許稠) 117
헌원씨(軒轅氏) 71
혁거세(赫居世) 22, 73~75, 268
혜자(惠子) 136, 137
홍명원(洪命元) 174
홍섬(洪暹) 55
홍세희(洪世喜) 173
홍인우(洪仁祐) 139
홍타이지 46
환웅천왕 69
『황극경세서』(皇極經世書) 70, 71, 135
황소(黃巢) 92
『황정경』(黃庭經) 103, 112, 114, 142,
　　150, 264
『황정내외옥경경』(黃庭內外玉景經) 103
황제(黃帝) 21, 22, 71